삼치거리 사람들

삼치거리 사람들

초판 1쇄 인쇄 2014년 9월 3일 **초판 1쇄 발행** 2014년 9월 11일

지은이 최희영 **발행인** 조화영 **편집** 김범종 **디자인** 구화정 page9
발행처 도서출판 썰물과밀물 **출판등록** 2013년 11월 28일 제2013-97호
주소 151-891 서울시 관악구 봉천로6길 43 **전화** 02-885-8259
팩시밀리 02-3280-8260 **전자우편** ankjayal@daum.net

ⓒ 최희영, 2014

ISBN 979-11-951616-3-8 03800

⊙ 이 책의 판권은 지은이와 도서출판 썰물과밀물에 있습니다. 이 책 내용의 전부 또는 일부를 재사용하려면 반드시 양측의 동의를 받아야 합니다. ⊙ 책값은 뒤표지에 표시했습니다.

이 도서의 국립중앙도서관 출판시도서목록(CIP)은
서지정보유통지원시스템 홈페이지(http://seoji.nl.go.kr)와
국가자료공동목록시스템(http://www.nl.go.kr/kolisnet)에서 이용하실 수 있습니다.
(CIP제어번호: CIP2014025715)

감치거리 사람들

최희영 지음

썰물과밀물

책을 내면서

내가 인천의 굴곡진 역사 100여 년을 어렴풋하게나마 알게 된 것은 1986년 봄이었다. 스물넷이라는 늦은 나이로 대학에 들어가자마자 한국 노동사에서 전기를 이룬 '5·3인천항쟁'을 맞게 되는데, 그때 운동에 참가한 선배를 통해 인천은 우리가 교과서에서 배운 것 외에도 많은 이야기를 품고 있는 도시라는 걸 알게 되었다. 그래서 인천에 대해 남다른 궁금함을 느꼈으나 해소 방법은 겨우 책을 통해서 뿐이었다. 그때 읽은 문학 작품으로는 강경애의 『인간문제』, 현덕의 『남생이』, 오정희의 『중국인 거리』 등으로, 내가 태어나기도 전 인천 풍경을 흐릿하게나마 짐작할 수 있었다. 하지만 그 후로는 관심만 있었지 삶에 떠밀려 하루하루를 지내다 보니 내 기억에서 점점 멀어져 갔고, 기억에서 완전히 사라진 것은 언제인지도 모르겠다.

인천이 내게 좀 더 생생한 모습으로 다가온 것은 두 편의 영화를 통해서인데, 공교롭게도 두 편 모두 2001년에 개봉한 영화이다. 여상 동창생 단짝 다섯 명이 등장해 고민 많은 스무 살 시절을 이야기하는, 인천 청춘들의 이야기를 담은 〈고양이를 부탁해〉가 그 한 편이고, 인천 부둣가 주변에서 삼류 건달로 살아가는 남자와 그와 위장 결혼해 한국 생활을 이어 가려는 중국 여자의 가슴 시린 사랑 이야기를 담은 〈파이란〉이 두 번째 영화이다. 이 두 영화는 인천항, 철길, 월미도, 여객터미널, 동인천 역사 주변, 자유공원, 송현시장 순댓국밥집, 차이나타운 등 도시 구석구석을 따라가며 쇠락한 구도심, 즉 인천 중구를 날것 그대로 보여주고 있었다. 나는 영화를 보는 내내 인천에 대해 쓸쓸하면서도 묘한 정감을 느꼈다. 인천 남동공단을 배경으로, 노동조합 결성을 둘러싼 노동자와 회사의 대결을 그린 독립영화 〈파업 전야〉를 볼 때와는 확연하게 다른 느낌이었다. 그랬다. 〈고양이를 부탁해〉, 〈파이란〉을 통해 비로소 나는 개항 도시 인천을 새롭게 이해하기 시작한 것이다.

인천에 대해 더 강하게 끌린 때는 『골목, 살아(사라)지다』라는 책을 읽으면서부터이다. 이 책은 『굿모닝 인천』 유동현 편집장이 장장 십 년이나 발품을 팔아 모은, 오래된 인천의 골목 구석구석을 담아 놓은 책이다. 인천의 파란만장했던 근현대의 역사와 문화, 그리고 거기서 살아가는 사람이 한데 어우러져 있는, 보기 드문 책이었다. 이 책을 읽으면서 감동을 한 나는 인천에 대해 다시 관심을 두게 되었다. 그러나 나는 그때까지만 해도 내가 이렇게 빨리 인천과 가까워지리라고는 꿈에도 생각하지 못했다.

출판사로부터 제안을 받은 건 그로부터 약 2개월 후였다. 출판사 편집장과 번역자가 모인 술자리에서 고집 세기로 잘 알려진 편집장 입에서 다짜고짜 동인천 삼치거리 이야기가 튀어나왔다.

'오, 놀라워라, 동인천 이야기라니!'

동인천이라는 말을 듣는 순간 내 심장은 쿵쿵거리며 뛰기 시작했다. 긴장과 설렘이 반반씩 섞인 두근거림이라고나 할까. 그러나 그날 나는 아무 대답도 하지 못했다. 지금 이 시점에서 왜 동인천 삼치거리 이야기를 담아내야 하는가를 곡진히 설명하는 편집장의 눈을 똑바로 마주 볼 수 없었는데, 헌책을 사기 위해 배다리를 찾은 것 외에는 인천하고 그렇게 가깝게 지낸 적이 없던 내가 인천에 대해 글을 쓴다는 것은 말도 되지 않는다고 생각했기 때문이다.

동인천 삼치거리에 대해 글을 써야겠다고 결심한 것은 그 거리를 다녀온 후였다. 올 3월 초였다. 늦은 오후, 1호선 동인천역에서 내려 자유공원으로 올라가는 골목길을 따라가던 나는 한순간 발걸음을 멈추고 말았다. 70~80년대식 선술집 분위기가 물씬 풍기는, 생선 냄새와 막걸리 냄새와 사람 냄새가 섞여 있는, 소박하면서도 편안한 삼치거리를 본 것이다. 어느 집 간판에도 원조라는 글자가 없는, 손님을 호객하는 이가 하나도 없는, 그래서 특이한 이 거리에는 가족끼리, 친구끼리, 직장 동료끼리, 두 손을 맞잡은 연인끼리 정담을 나누며 쉼 없이 오가고 있을 뿐이었고, 자유공원으로 넘어가는 저녁놀만이 이들의 머리를 비추고 있었다. 나는 이 그림 같은 풍경에 홀려 다음 날 새벽까지 이 거리에서 맴돌아야 했다. 어느 집에서는 막걸리와 삼치를 시켜놓고, 어느 집에서는 막걸리와 해물전을 시켜놓고, 어느 집에서는 막걸리와 동그랑땡을 시켜놓고, 또 어느 집에서는 막걸리만 시켜놓고 삼치거리를 찾은 사람과 마주 앉아 이야기를 나눴다.

이곳을 찾은 사람들은 저마다 다른 사연을 간직한 채 자리를 차지하고 있었다. 누구는 기쁨으로, 누구는 슬픔으로, 누구는 안타까움으로, 그리고 누구는 그냥 습관처럼 이곳에 앉아 막걸리 한 사발과 삼치 한 접시로 하루의 고단함을 달래고 있었다. 그러나 한 가지 분명한 사실은 이 거리를 찾는 모든 사람에게 삼치거리는 그냥 싸고 맛있고 푸짐한 거리로만 존재하지는 않았다. 삼치거리가 왜 인천 서민들의 쉼터이자 해방구로 불리게 되었는지를 깨달은 순간이었다. 그러나 그럼에도 불구하고 이십여 집밖에 안 되는, 식당 수만큼이나 짧은 이 거리를 한 권의 책으로 담아낸다는 것은 여러모로 버거운 일이었다. 머리는 여전히 무거웠다.

새벽 4시, 마지막으로 문을 닫은 집을 나와 혼자 새벽 거리를 걸었다. 그런데 이상했다. 3월, 새벽바람은 차가웠으며 거리에는 집 나온 고양이들뿐이었지만 웬일인지 이 거리가 낯설지도 무섭지도 않았다. 낯선 도시 낯선 거리가 이렇게 편안할 수 있다는 사실에 놀라며 그 이유를 곰곰이 생각해 보았다. 그 답을 찾은 건 자유공원에서였다. 자유공원에서 시작해 차이나타운, 항구, 신포동, 배다리까지 돌아서 다시 자유공원에 섰을 때, 막 아침 해가 떠오르고 있었다. 바로 그 순간 그동안 내가 책과 영화를 통해 보고 느꼈던 인천의 모습들이 파노라마처럼 머릿속에 쫙 펼쳐졌다. 그러고 나자 곧바로 인하의집, 삼치거리 50년, 개항 후 130년을 간직한 인천의 역사와 문화, 그리고 인천 사람이 하나로 이어졌다. 인하의집 역사는 곧 삼치거리의 역사요, 삼치거리 역사는 곧 인천의 역사라는 등식이 성립된 것이다. 등식이 성립되자 대책 없는 용기가 생겼고, 용기가 생기자 지금 이 거리 모습을 기록해야겠다는 생각이 간절해졌다.

지난 6개월, 나는 삼치거리를 중심으로 인천 동구와 중구에서 거의 살다시피 했고, 그 과정에서 많은 걸 배우고 알고 깨닫게 되었다. 간판도 없는 허름한 선술집 주인장 부부가 행했던 배려와 공동체 정신이 어떻게 50여 년을 이어져 왔으며, 그 정신은 오늘날 어떤 의미와 가치를 지니게 되었는지를 알게 되었다. 또 삼치거리가 인천 사람에게 어떤 존재인지, 인천 사람은 이 삼치거리를 얼마나 아끼고 사랑하는지, 그리고 인천이라는 도시의 무한한 매력과 그 매력을 지키고 가꾸려는 인천 시민의 노력을 잘 알게 되었다.

끝으로 이 책이 나오기까지 많은 관심과 지지와 도움을 주셨던 분에게 진심을 담아 감사의 인사를 드리고 싶다. '중구를 사랑하는 사람들 모임', '홍예문 문화연구모임', '플레이캠퍼스 장한섬 대표', '계양도서관 박현주 문헌정보과장', '인천 동구청 홍보미디어실 한창수', '인천 중구청 홍보미디어실 유호중', '화도진도서관 향토개항문화 자료담당자', '한국근대문학관 박석태 과장', '굿모닝 인천 유동현 편집장' 등에게 감사드리며, 동인천 삼치거리를 만든 홍재범, 이초자 부부, 오늘도 삼치거리를 꿋꿋하게 지키고 있는 주인장들, 삼치거리를 찾는 손님, 그리고 아들 여래에게 이 책을 바친다.

2014년 8월 23일
최희영

차례

책을 내면서 · 4

제1장
삼치거리 이야기

삼치거리 이야기를 하기 전에 · 14
동인천 삼치거리 · 21
인하의집 · 40
삼치 공동체 · 69
삼치 · 87
막걸리 · 97
소성주 · 115

제2장
삼치거리 사람들

양산박삼치 · 144
전동삼치 · 152
인정나라삼치 · 157
인천집 · 167

큰손집삼치 · 176

동그라미삼치 · 180

바다삼치 · 186

신흥삼치 · 190

바람난3치 · 193

제3장
그리고 동인천

동인천 이야기를 하기 전에 · 198

배다리 · 210

수도국산달동네박물관 · 218

괭이부리마을 · 229

대한서림 · 241

신포동 · 246

한국근대문학관 · 260

인천아트플랫폼 · 267

차이나타운 · 273

동화마을 · 281

자유공원 · 285

홍예문 · 294

제1장

삼치거리 이야기

사진. 인천광역시 중구청

삼치거리 이야기를 하기 전에

○────

　진짜 인천을 보려면 동인천으로 가라는 말이 있다. 그곳에는 우리나라의 근현대를 이끌어 온 역사와 문화가 공존할 뿐만 아니라 생활 자취도 거리마다 골목마다 진하게 배어 있기 때문이다. 개항과 일제강점기, 그리고 광복과 한국전쟁을 거쳐 오늘날에 이르는 동안 인천은 개항장으로, 격전장으로, 수출입 창구로서의 역할을 톡톡히 해내고 있는 우리나라의 대표적인 해양 도시이고, 그래서 수도 서울의 관문 역할을 하면서 항만 관련 산업 및 교역 중심지로 성장해 대한민국 제2의 항구도시가 되었다. 1960년 이후에는 경제개발계획으로 말미암아 경인공업지대의 중심축을 이루었기 때문에 제조업이 발달했고, 현재는 중공업 도시로서의 면모도 갖추고 있다.
　개항 도시 인천은 우리나라에서 근대화의 물결을 가장 먼저 맞이한 곳이다. 1883년에 인천(제물포)이 개항하자 외국인이 들어오고, 외국인 거류지인 조계가 형성되고, 따라서 서구 양식의 새로운 건축물과 문물이 들어오게 되면서 자연스럽게 근대 도시로 탈바꿈하고, 그 과정에서 도시 곳곳은 변화의 바람을 맞이한다. 특히 중구 개항장은 한국 근대사를 압축해서 보여주는 공간으로, 파란만장한 역사만큼 이나 다양한 근대 건축물이 아직도 빼곡하게 자리 잡고 있다. 그래서 동인천 일대가 한국 근현대 130여 년의 흐름을 온전히 간직한 길거리 박물관으로 다시 주목받고 있다는 사실은 결코 놀랄 일이 아니다.

역사란 알면 알수록 참 묘하다. 시대의 뒤안길이 되어 버린 인천의 구도심이 요즘은 새로운 관심거리로 떠오르고 있으니 말이다. 세상이 각박해져서 그런지 사람들은 재개발의 손길이 닿지 않은 낙후된 골목길을 찾아 몰려오고, 느림의 미학을 강조하는 '그 모습 그대로인 것'은 여봐란듯이 서서 그들을 맞이하고 있다. 자유공원의 오래된 주택가는 '고풍스러운 거리'가 되었고, 낡은 70년대식 돈가스 집은 '경양식의 품격'이 되었으며, 배다리마을의 허물어진 담벼락은 '한 폭의 풍경화'가 되었다. 이 때문에 〈고양이를 부탁해〉, 〈파이란〉,

사진, 인천광역시 중구청

〈천하장사 마돈나〉, 〈창수〉 등 인천 동구와 중구가 주요 배경으로 등장하는 영화와 드라마는 수도 없이 많다.

영화롭던 근대와 쇠락한 현대가 공존하는 이 도시의 색다른 모습은 아마 사람들 마음속에 파고들어 묘한 여운을 남기는 것 같다. 나이 든 길손은 이 골목 저 골목의 낯익은 모습을 들여다보다가 젖어오는 두 눈을 슴벅이고, 젊은 길손은 이 골목 저 골목을 돌아다니며 눈에 선 풍경을 연신 카메라에 담기 바쁘다. 시간의 궤적이 켜켜이 쌓여 있는 오래된 동네가 나이 든 이에겐 애잔한 추억의 공간이, 젊은이에겐 부모 세대를 이해할 수 있는 소통의 공간이 된 것이다.

이처럼 현재 근대의 역사와 문화 공간이 되어 버린 인천에는 내세울 것도 아주 많다. 우리나라에서 최초로 조성된 서구식 공원인 자유공원, 최초의 호텔인 대불호텔, 최초의 개신교 교회인 내리교회 외에도 사이다와 성냥, 야구와 축구, 짜장면과 커피 등 대한민국 최초라는 수식어를 들먹일 거리는 수도 없이 많다. 또한 차이나타운, 인천아트플랫폼, 한국근대문학관, 동화마을, 근대개항문화지구, 신포시장, 인천항, 배다리, 수도국산달동네박물관, 괭이부리마을, 화도진지, 그리고 도시 곳곳에 산재해 있는 수많은 근대 건축물 등 볼거리도 무궁무진하다. 이렇게 교과서에도 없는 이야기가 끝없이 펼쳐져 있는 거리를 걷다 보면 '인천의 근대사가 곧 한국의 근대사'라는 말이 결코 과장된 표현이 아님을 알 수 있다.

그렇지만 이런 인천의 역사와 문화를 정면으로 바라보기가 마음 편한 일만은 아니다. 개항, 하면 근대이고, 근대, 하면 제국의 침탈과

사진. 화도진도서관

개항 초 제물포항과 초가

수탈이라는 등식이 자동으로 성립되기 때문이다. 스스로 원해서 문을 연 근대가 아니라 외세에 의해 강제로 열린 근대였기에 더더욱 그렇다. 엄밀히 따지자면 인천은 개항 후 지금까지 고통으로 얼룩진, 중심이 아닌 주변부의 삶을 살았다고 해도 과언이 아니다. 조선 시대의 양요 사건을 시작으로 해서 일제강점기의 수탈과 핍박, 한국전쟁으로 인한 실향민의 설움, 그리고 도시 산업화로 인한 도시 빈민 문제 등에 이르기까지 인천의 근현대는 굴욕과 상처로 점철된 역사이기 때문이다. 그러나 역사의 현장은 쓰리면 쓰린 대로 아리면 아린 대로 보존해야 할 가치가 있다. 외세 침탈에 의한 강제 개방이지만, 이 또

답동성당

한 우리의 역사이다. 역사를 돌아보는 것은 그걸 토대로 앞으로 나갈 방향을 만들기 위함이다. 동인천의 오래된 건물에는 역사가 남긴 교훈이 그대로 남아 있기 때문에 온고지신, 급변하는 21세기의 전망과 대안을 근대라는 역사의 거울을 통해 얻을 수 있음은 자명한 일이다.

인천을 설명하는 데 있어서 근현대 문화유산만으로는 무언가가 부족하다. 그렇다, 중요한 것이 빠졌다. 바로 먹을거리이다. 예전부터 볼 것 많은 인천에는 먹을거리도 풍성했다. 19세기 후반에 개항하자 인천 인구는 폭발적으로 늘어나기 시작했는데, 이때 이들을 대상으로 한 음식 사업도 더불어 번성하기 시작한다. 구한말 당시는 혼란스러운 정국이 계속되었기 때문에 더 이상 땅에 기대어 살 수 없었던 기층 민중은 그들의 기반을 버리고 새로운 일거리를 찾아 도시로 나왔던 것이다. 그전에 인천은 인구가 얼마 안 되는 작은 도시에 불과했으나 개항 후에는 일거리가 많아졌다는 소문이 났고, 더불어 새로운 문물에 대한 기대치도 더해져 짧은 기간 동안 인구는 기하급수적으로 늘어났다. 각국 조계가 설정되자 외국인이 늘어났을 뿐만 아니라 융성하는 인천항으로 일거리를 찾아 전국 각지에서 몰려든 부두 노동자, 인천미두거래소를 찾는 미두꾼 등 부둣가는 항상 사람들로 초만원을 이루었다. 비록 수탈의 중심지였으나 모든 물산이 모이고 흩어지다 보니 사람들이 몰려들었고, 따라서 음식 문화도 일찍부터 발달한 것이다.

인천일보 주필 조우성 시인은 『인천이야기 100장면』에서 해장국, 추탕, 냉면을 당시 인천의 3대 먹을거리로 꼽았다. 막걸리 한 잔과 곁들여 고단한 날품 노동자의 허기진 배를 달래던 시원한 해장국, 뼛속까지 스미는 세찬 바닷바람을 일시에 녹였던 얼큰한 추탕, 육수 맛이 끝내줘 평양냉면도 울고 갈 정도였다는 인천냉면이 바로 그것이다. 언론인이자 향토사학자 고일 선생의 유저 『인천 석금』과 의사이자 향토사학자인 신태범 박사의 유저 『먹는 재미 사는 재미』에 실린 글을 읽다 보면 이 음식이 당시 인천 사람에게 얼마나 큰 위안이었으며 얼마나 큰 기쁨이었는지를 단박에 알 수 있다.

인천의 음식 문화는 근현대사의 끝없는 질곡과 혼란 속에서도 자신만의 정체성을 꿋꿋이 지켜낸 인천의 발전 과정과도 닮았다. 세월 따라 찾아오는 손님은 바뀌었으나 인천의 음식 문화는 묵묵히 서민의 입맛을 지키며 향토 음식으로서의 명성을 면면히 이어 온 것이다. 대한민국 어디를 가더라도 그 지역을 대표하는 독특한 먹을거리가 있지만, 특히 인천에는 어느 곳과도 비교할 수 없는 색다른 음식이 많다. 차이나타운 짜장면, 화평동 세숫대야냉면, 송현동 순대, 신포시장의 쫄면과 닭강정, 중구 경양식, 용동 칼국수, 그리고 전동 삼치가 바로 그런 음식이다.

인천의 그 많은 먹을거리를 만드는 곳 가운데 오늘 우리가 유독 주목하는 곳은 바로 '삼치거리'이다. 삼치거리는 중구 전동에 있는 유명한 골목이다.

'저렴한 가격에 한 번 놀라고, 푸짐한 안주에 한 번 더 놀라고, 삼치와 막걸리의 환상적인 궁합에 또 한 번 놀란다.'

블로거들은 이렇게 예찬하고 있지만, 이것이 전부인 거리는 절대로 아니다. 그렇다면 이곳은 맛과 가격으로 감동을 주는 것 외에 또 어떤 특별한 것이 있을까? 무엇이 있기에 수십 년 동안 단골의 발길이 끊이지 않고 이어지는 것일까? 내가 지금부터 풀어놓을 이야기 보따리는 바로 그 특별한 것에 대한 이야기이다. 기대하시라. 이 거리가 품고 있는 흥미로우면서도 아름다운 이야기를!

동인천 삼치거리

○────

아침 깨니

부실부실 가랑비 내린다.

자는 마누라 지갑을 뒤져

백오십 원을 훔쳐

아침 해장으로 나간다.

막걸리 한 잔 내 속을 지지면

어찌 이리도 기분이 좋으냐?

가방 들고 지나는 학생들이

그렇게도 싱싱하게 보이고

나의 늙음은 그저 노인 같다.

비 오는 아침의 이 신선감을

나는 어이 표현하리오?

그저 사는 대로 살다가

깨끗이 눈감으리오.

천상병 시인이 쓴 시 〈비 오는 날〉 전문이다. 양귀자의 소설에 등장하는 노동자 임 씨는 '비 오는 날엔 아침부터 가리봉동에 가야 한다'고 했는데, 천상병 시인은 비 오는 날이면 아침부터 술집으로 달려갔다. 비 오는 날, 술집으로 달려가고 싶은 사람이 어디 천상병 시인뿐이랴. 대한민국에서 나고 자랐거나 한국인의 정서를 지녔다면, 비가 오면 가장 먼저 생각나는 것은 한 잔 술일 것이다. 비 오는 날 저녁이면 동인천 삼치거리 또한 손님으로 넘쳐나는 것이 다 그런 연유가 아니겠는가.

동인천역 지하상가 8번 출구로 나오면 대한서림과 인천학생교육문화회관이 보이고, 그 사이에 자유공원으로 올라가는 큰 골목길이 있다. 그 길목을 따라 2~3분 정도 걸어가면 이곳이 바로 삼치거리임을 알리는 지주 간판이 눈에 들어온다. 그 간판 뒤로 삼치구이를 중심

으로 내걸고 밥과 술을 파는 수많은 삼치 식당이 나란히 늘어서 있다.

이곳 삼치거리가 제2의 전성기를 맞이한 건 불과 몇 년 전 일이다. 상권 쇠퇴, 인구 감소, 물리적 노후화 등으로 말미암아 중세 유럽의 암흑기처럼 침잠되어 있던 거리가 개항 이후 130여 년의 역사와 문화를 간직한 문화의 도시로 재조명되면서 뒤늦게 사람들의 관심을 끌게 된 것이다. 게다가 때마침 불기 시작한 지자체의 도시 재생 사업과도 맞물려 동인천역 일대는 향수를 자극하는 특성화 지역으로 추진되었고, 그래서 지금은 관광객의 발길이 연일 이어지고 있다. 또 몇 년 전부터 불어온 막걸리에 대한 열풍도 한몫해서 삼치거리는 더욱 유명세를 타게 되었다.

삼치거리에 들어서면 먼저 식당 수에 놀란다. 골목 전체가 삼치 식당이기 때문이고, 대부분 '삼치'란 말이 간판에 붙어 있다. '삼치일번가'를 필두로 하여 '바람난3치', '신흥삼치', '동그라미삼치', '인천집', '인하의집', '길손집삼치', '양산박삼치', '전동삼치', '도란도란삼치호프', '삼치일번가2', '큰손집삼치', '동인천삼치', '인정나라삼치', '고모네고등어구이', '동그라미2', '마리오삼치', '청정삼치', '홍예문삼치', '바다삼치', '인천삼치', '정다운삼치' 등 현재 성업 중인 식당만 해도 이십여 곳이 넘는다. 대구 '안지랑곱창골목'같이 500미터에 걸쳐 무려 식당 50여 개가 가득 메우고 있는 대형 먹을거리 골목에 비하면 초라하기 짝이 없는 모습이지만, 70~80년대 선술집같이 편안하고 소박한 풍경은 색다른 멋을 풍겨 사람들의 시선을 조용히 사로잡고 있다.

　앞에서 70~80년대 모습을 간직하고 있다고 했지만, 드라마에 나오는 70년대 허름한 선술집 골목쯤으로 예상한다면 큰 오산이다. 몇 년 전 공공미술 프로젝트의 일환으로 간판과 외벽을 말끔하게 치장해서 그런대로 정갈하고 산뜻한 맛도 나기 때문이다. 오래전 단골이 지난 시절을 추억하기 위해 모처럼 찾아왔다면 새롭게 단장된 모습에 다소 실망할 수도 있겠으나 젊은 세대는 이채롭고 앙증맞은 간판을 디지털카메라로 담기에 바쁘다.

　허를 찔러 웃음을 자아내는 장면도 자주 눈에 띈다. 쿵, 하면 짝이라더니 누가 '삼치, 하면 막걸리' 아니랄까 봐 식당 담벼락 곳곳에는 큼지막하게 술에 관한 시를 써 놓았는데, 이것 또한 빼놓을 수 없는 풍경이다.

> 날씨야
>
> 네가
>
> 아무리 추워 봐라
>
> 내가
>
> 옷 사 입나
>
> 술 사 먹지
>
> * 소야 신천희 스님, 〈술타령〉

> 내가 죽으면 술독 밑에 묻어 줘
>
> 운이 좋으면 술독이 샐지도 몰라
>
> * 하이쿠, 〈술독〉

'슬픔의 정체를 확인하기 위해 한세상 술을 마셨다'는 〈술통〉의 저자 장승욱도, 〈슬픈 날은 술퍼, 술푼 날은 슬퍼〉라는 시를 쓴 시인 박중식도, '마시기로 했으면 한 자리에서 삼백 잔은 마셔야 한다'고 읊었던 당나라 시인 이태백도, 그리고 '술에 취하여 / 나는 수첩에다가 뭐라고 써 놓았다 / 술이 깨니까 / 나는 그 글씨를 알아볼 수가 없었다 / 세 병쯤 소주를 마시니까 / 다시는 술 마시지 말자 / 고 써 있는 그 글씨가 보였다'를 쓴 시인 김영승도 무릎을 치고 갈 일이 아니겠는가.

그리고 골목에서는 두리번거리지 마시라. 아무리 기웃거려도 친절하게 잡아끄는 사람 하나 없으니. 이곳 삼치거리는 약속이라도 한 듯이 일절 호객 행위를 하지 않는다. 선택은 온전히 손님 몫이다. 이것도 이 거리가 갖고 있는 특색 중 하나이다. 처음 찾는 이가 어느 식당으로 들어갈까, 하고 고민이 된다면 친한 인천 사람에게 묻거나 미리 인터넷에서 검색해 보면 된다. 솔직하고 자세한 평이 맛집 블로그에 쫙 깔려 있다.

'동인천에 삼치 골목이 있는데요, 인하의집 삼치가 유명해요. 안주가 다 싸고 맛있어요. 동창들 모임 있으면 대부분 거기서 모여 한잔하는데, 4명이 4만 원이면 안주랑 막걸리로 배가 찢어지거나 필름이 끊겨 버린다니까요. 선술집 같은 분위기에, 특히 막걸리가 입에 착착 감겨요.'

호객 행위, 바가지요금 없기로 유명한 이 거리의 또 다른 특색은 그 어느 집에도 간판에 '원조'라는 말을 넣지 않았다는 점이다. 진짜 원조가 간판에 원조라는 말을 쓰지 않겠다고 해서 생긴 기현상이다. 다른 먹을거리 골목은 저마다 원조를 앞세워 원조 다툼까지 벌어지고 있는 각박한 세상에 기득권을 가진 자가 굳이 기득권을 갖지 않겠다고 선언한 것은 분명 기현상임이 틀림없다.

낮에는 비교적 한산하다. 천상병 시인처럼 해장술 생각나서 아침 댓바람부터 찾아갔다간 낭패를 보기 십상이다.

"여기는 저녁부터 시작이야."

식당 주인장의 말처럼 저녁 어스름이 깔리기 시작해야 사람들이 하나둘씩 몰려든다. 평일에는 사람이 많은 편이고, 주말에는 아주 많은 편이고, 비 오는 날에는 시골 오일장만큼이나 붐빈다. 목이 좋은 자리는 줄을 서서 기다려야 하는데, 인천집 주인장은 이런 현상에 대해 재미있는 분석을 내놓았다.

"여기는 비 오는 시간이 중요하다. 밤 11시가 넘어 비가 오면 크게 신경 쓰지 않아도 되고, 오전 10시부터 저녁까지 내리면 많이 바쁘고, 주말 오전부터 비가 오면 진짜 무섭다."

그래서 좋다는 말인지 나쁘다는 말인지는 도통 알 수 없었지만, 이런 야릇한 말을 날리며 너스레를 떨었다. 받을 수 있는 손님은 정해져 있는데 한꺼번에 너무 많이 몰려오면 다 받을 수 없다는 엄살로 해석하면 되겠다.

말이 나온 김에 조금만 더 얘기하겠다. 인천에서는 비와 삼치거리에 관한 재미있는 공식이 하나 있다. 인천 토박이에게 인천, 하면 제일 먼저 떠오르는 곳이 어디인가 하고 물으면 십중팔구는 월미도나 자유공원이라고 말하듯이, 비가 오면 가장 먼저 떠오르는 곳이 어디냐고 물으면 십중팔구는 삼치거리라고 말한다. 비가 오면 기름 냄새 풍기는 파전이나 생선구이에 막걸리 한 잔이 먼저 떠오르고, 막걸리에 파전이나 생선구이라면 삼치거리이니, '수요일엔 빨간 장미'처럼 '비 오는 날은 곧 삼치거리에 가는 날'이라는 등식이 자연스럽게 성립된다는 말이다. 인천 사람에게 비와 삼치거리의 상관관계가 정말 그 정도인가를 확인해 보려면 비 온 다음 날 인터넷을 검색해 보면 바로 알 수 있다.

'어제 비 오는 날 다들 뭐하셨어요? 당근 막걸리 한 잔들 하셨겠죠. 저도 어제 사무실 식구들이랑 한잔하러 삼치거리에 다녀왔답니다. 부슬부슬 비 오는 날에는 바싹 구운 삼치와 막걸리가 막 당겨요.'

이처럼 비 오는 날, 인천 사람이 운영하는 블로그에 들어가 보면 거의 삼

치거리 얘기로 도배되어 있다. 댓글은 말할 것도 없다. 막걸리 5백 원에 삼치 5백 원 하던 때를 기억하는 장년부터 막걸리 3천 원에 삼치 6천 원을 기억하는, 갓 스물 된 청년까지 이구동성으로 삼치거리를 연호한다. 어느 여성 블로거는 다음과 같은 글을 올렸을 정도이다.

'아침에 날씨가 우중충하면 무조건 우산 들고 장화 신고 출근한다. 비 오면 퇴근길에 곧장 삼치거리로 가기 위함이다.'

인천집 주인장의 말처럼 비 오는 날이면 '진짜 무섭다'는 표현이 실감 나는 대목이다. 가수 심수봉은 비가 오면 언제나 말이 없던 어떤 남자가 생각난다고 했는데, 인천 사람은 비가 오면 삼치거리를 생각하는 것이다.

여기서 비와 삼치거리의 상관관계를 과학적으로 설명할 순 없지만, 어쨌든 비와 삼치거리가 서로 찰떡궁합인 건 분명한 사실이다. 어느 연인이 몇 년 전 비 오는 날, 삼치 식당에서 심하게 다투고 헤어졌다가 몇 년 후 비 오는 날, 옛 추억을 잊지 못해 각자 이곳에 들렀다가 우연히 다시 만나 결국 결혼까지 하게 되었다는 행복 결말 이야기, 어느 임산부는 입덧이 너무 심해 고통스러웠는데 어느 비 오는 날, 갑자기 결혼 전에 즐겨 먹던 삼치구이가 생각나 한밤중에 남편 손을 끌고 와 한 마리를 먹었더니 거짓말처럼 입덧이 멈췄다는 이야기 등 이곳에는 유독 비와 관련된 일화가 많다.

삼치거리에 사람들이 몰려들기 시작하는 시간은 대략 초저녁 6시부터이다. 단골이 많은 집부터 손님이 차기 시작해 7시면 거의 모든 식당은 자리가 찬다. 땅거미가 이슥해질 무렵, 이 거리에 서 있다 보면 '이 많은 사람은 도대체 어디에서 온 것일까?' 하는 궁금증이 진짜로 생긴다.

　식당 안은 사람들의 왁자한 웃음소리와 고소한 삼치구이 냄새로 가득 차 있고, 노란 양은 주전자는 벽면 한쪽을 가득 메우고 있다. 이게 바로 술을 부르는 풍경이 아니겠는가. 술 주전자 옆에는 메뉴판이 걸려 있는데, 삼치구이 외에도 오징어 데침, 계란말이, 순두부찌개, 도토리묵, 홍합탕, 번데기, 동그랑땡, 파전 등 다양한 메뉴가 손님을 내려다보고 있다. 삼치만 있는 줄 알고 왔던 사람은 이 메뉴판을 보고 새삼 반가워하며 보너스를 받은 표정을 짓는다. 그런데 다양한 메뉴보다 더 반가운 것이 있다. 싸고 맛있고 푸짐하게, 라는 슬로건 밑에 붙어 있는 가격표이다. 어른 팔뚝만 한, 누군가는 16절지 용지 만하다고 하고, 또 누군가는 스마트폰 네 배 만하다고 하는 삼치구이 가격은 6,000원으로 식당마다 동일하다. 주머니에 배춧잎 세 장만 있어도 서너 명이 둘러앉아 서너 시간은 너끈하게 즐길 수 있는 가격이다.

　연인들이 데이트할 때 세종대왕 한 장이면 식사부터 영화까지 하루를 온전히 즐기던 시절이 있었다. 하지만 그건 호랑이 담배 피우던 시절 얘기이고, 지금은 신사임당 한 장이라면 모를까, 세종대왕 한 장으로는 영화는 언감생심이고 밥 한 끼도 먹기 버겁다. 그러므로 삼치거리는 주머니 가벼운 이들에게, 특히 데이트 중인 청춘들에겐 더할 나위 없이 반가운 존재가 아닐 수 없다. 이 때문에 초저녁 한 잔으로 시작된 술자리가 다음 날 새벽까지 이어질 때도 종종 있다고 하니, 그만큼 가격에 부담이 없다는 얘기가 되겠다. 발품 팔아 이곳

까지 왔으니 본전 뽑고 가겠다는 심사이다. 착한 가격대의 비밀은 이곳 삼치집이 직거래를 통해 공동구매로 삼치를 사들이기 때문이다.

삼치거리의 삼치 요리는 구이를 기본으로 한다. 삼치회, 삼치조림, 삼치매운탕, 삼치동적, 삼치탕수육 등도 있으나 이곳에서는 구이가 위주이다. 솔직히 이 집 맛이나 저 집 맛이나 그 맛이 그 맛이라고 말하는 초보 손님도 있지만, 오랜 단골이나 주인장 말에 따르면 이곳의 맛은 모두 제각각이다.

"맛의 차이는 생선을 가져오는 곳, 손질법, 그리고 밑간과 튀기는 방법에 따라 다르다. 그러므로 취향에 따라 즐길 수 있다."

삼치를 구워내는 방식과 소스의 배합이 약간씩 다르듯이 실내 분위기 또한 조금씩 다르다. 어느 집은 좀 더 푸근하게, 어느 집은 좀 더 세련되게, 그리고 어느 집은 중·장년층에게 맞게, 또 어느 집은 젊은 층에 맞게 꾸며져 있다. 그렇기 때문에 한 골목에 많은 식당이 있음에도 불구하고 이곳에서는 단골을 잡기 위해 불필요한 경쟁을 하지 않는다. 골목 안 업자끼리 경쟁하지 않는 모습은 흔치 않은 광경이다. 이것 또한 이 거리가 갖는 큰 미덕이자 매력이다.

다음은 술 얘기이다. 누군가 '술마다 연상되는 이미지가 다르다.'라고 쓴 글을 읽은 적이 있다. 소주와 막걸리는 서민과 노동자가, 양주는 정치인과 기업인이, 맥주와 와인은 젊음과 분위기가 느껴진다는 뜻일 것이다. 상당히 일리 있는 말이다. 그런 이미지 때문인지 몰라도 대한민국 남자 중에는 자동차가 부를 상징하듯이 마시는 술이 곧 자신의 권위를 나타낸다고 믿는 사람이 의외로 많다. '술은 단순한 음식 문화를 뛰어넘어 사회 현상의 일종이기도 하다.'라는 말을 확인시켜 주는 대목이다. 그런데 모두 알고 있는 이런 이야기가 그냥 웃고 넘길 일만은 아닌 것 같다. 색안경 쓰기를 즐기는 모 전직 대통령은 낮에는 모내기하는 농부들과 막걸리를 마시고 밤에는 안가에서 시바스 리갈을 마시는 등 나름대로 때와 장소를 선별해서 마셨지만, 대부분의 사람은 때와 장소를 가리지 않고 좋은 술과 비싼 술을 찾는다. 그중에서 특히 고급 양주라는 품목에 이르면 검사에서부터 동네 조폭 넘버3까지 지위고하를 막론하고 정신줄 놓고 덤벼든다. 오죽하면 가짜 양주가 제일 많이 팔리는 나라가 대한민국일까.

그러나 삼치거리에서 술은 불문곡직하고 막걸리이다. 기업가든 노동자든, 노년이든 젊은이든, 진보 세력이든 보수 세력이든, 남자든 여자든 가리지 않고 이 거리에서는 거두절미하고 막걸리가 대세이다. 막걸리 중에서도 인천을 대표하는 '소성주'가 대표적인 술인데, 어떤 집에서는 대놓고 소성주만 판다며 현관문에 못을 박아 놓고 있다. 삼치거리가 소성주를 고집하는 건 입에 짝짝 달라붙는 맛에 대한 자긍심에서 비롯하기도 했지만, 삼치거리는 본디 인천 막걸리를 제조하던 양조장 자리였다는, 특별한 인연 때문이기도 하다. 소성  주에 대해서는 뒤에서 자세히 살펴보겠지만, 여기서는 삼치거리와 소성주가 이렇게 친하게 된 사연만 간단하게 소개하고 넘어가겠다.

일제강점기 때부터 이곳에는 인천을 대표하는 양조장이 자리 잡고 있었다. 현재 소성주라는 인천 막걸리의 토대가 된 곳으로 바로 '대화주조'가 그곳이다. 이 양조장에서는 응봉산과 연결된 수맥에서 뽑아낸 약수로 술을 빚었기 때문에 예로부터 술맛 좋기로 유명했다. 그런데 1970년대에 정부의 탁주 정책이 발표되자 대화주조도 어쩔 수 없이 인천의 다른 지역 탁주 공장과 합쳐지고 만다. 양조장이 이 골목에서 문을 닫고 다른 곳으로 이주하자 그 자리에 인하의집, 인천집, 양산박삼치 등 삼치구이 집이 들어서기 시작한 것이다. 그러니까 대화주조가 문을 닫기 전까지만 해도 이 거리의 실

질적인 주인은 막걸리 술도가였다는 말이다. 다시 정리해 말하자면, 이 거리에서는 막걸리가 터줏대감이고, 이 막걸리에 알맞은 안주로 뒤늦게 삼치가 등장했다는 얘기이다. 술맛도 좋은 데다가 이 거리를 만든 또 하나의 주인공이다 보니 인천 막걸리 소성주를 고집하지 않을 수 없다는 게 삼치집 주인장의 설득력 있는 설명이다.

맛이 있는지 없는지는 일단 마셔 봐야 알 일이다. 그러니 일단 한 번 드셔 보시라. 찌그러진 양은그릇에 콸콸 막걸리를 가득 채워 벌컥벌컥 쭉 들이켜 보시라. 장수막걸리만 고집하던 외지인도 소성주를 한 잔 마셔본 다음에는 저절로 엄지손가락을 추켜세울 것이다. 지금 이곳에서 하루에 소비되는 소성주만 해도 수백 병에 달하니 인천 사람의 소성주 사랑이 가히 짐작될 것이다. 그리고 예전에는 술을 말통으로 받아다 썼지만 지금은 위생법이 강화돼 말통 술은 없어졌다.

다양한 연령층만큼이나 술자리 풍경 또한 천차만별이다. 고삐리 때부터 실전 싸움의 본좌였다느니, 담뱃불이 땅바닥에 떨어지기도 전에 돌려차기로 세 명을 제압했다느니, 하면서 확인도 안 되는 구라를 펼치는 사람부터 군대 얘기로 시작해 축구 얘기를 거쳐 종국에는 정치 얘기로 열을 올리는 사람까지 저마다 어디서 이런

얘기를 준비해 오는지 잠시도 멈추지 않는다. 물론 그 틈에는 황지우의 시 〈어느 날 나는 흐린 주점에 앉아 있을 거다〉처럼 말없이 술잔만 바라보는 사람도 있다. '그러므로, 어느 날 나는 흐린 주점에 혼자 앉아 있을 것이다 / 완전히 늙어서 편안해진 가죽부대를 걸치고 / 등 뒤로 시끄러운 잡담을 담담하게 들어주면서 / 먼 눈으로 술잔의 수위만을 아깝게 바라볼 것이다.' 또 장미여관의 〈봉숙이〉 가사처럼 애인의 팔목을 잡고 '집에 드가지 마' 하며 끈끈한 눈빛으로 애원하는 사람도 있다. '야 봉숙아 / 말라고 집에 드갈라고 꿀발라스 났드나 / 나도 함 묵어보자 / 아까는 집에 안 간다고 데낄라 시키돌라 케서 / 시키났드만 / 집에 간다 말이고 못 드간다 못 간단 말이다 / 이 술 우짜고 집에 간단 말이고 / 못 드간다 못 간단 말이다 / 묵고 가든지 니가 내고 가든지' 그들의 이런 모습조차 정겹게 느껴지는 건 여기가 서민의 휴식처, 동인천 삼치거리이기 때문이다.

다행인지 불행인지 요즘은 옛날처럼 술자리에서 진상 떠는 손님은 별로 없다. 술 마시고 크게 주사를 부리는 사람도 없고, 술 마시고 전봇대 붙잡고 우는 사람도 없고, 외상 달라고 떼쓰는 사람도 없고, 시계 맡기는 사람도 없고, 화장실 가는 척하면서 그대로 줄행랑을 치는 사람도 없다. 카드로 결제하면서 생긴 현상인데, 편해서 좋기는 하지만 각박해진 건 분명한 사실이라는 주인장들의 푸념 아닌 푸념이다. 사라지는 것이 다 그리운 것은 아니나 이 헛헛한 세상에 술자리마저도 낭만과 치기가 사라진다는 건 쓸쓸한 일이 아닐까.

역사가 오래된 곳이라면 어디라도 다 그러하듯 이곳 삼치거리 또한 특급 단골이 많다. 해마다 삼치거리에서 고등학교 동창회를 여는 단골은 물론이고 대를 이어 단골로 오는 손님도 많다. 인하의집 주인장은 조심스럽게 말했다.

"각자 다른 테이블에서 각자의 지인들과 술을 마시다가 계산을 마치고 나서야 서로를 알아보는 부자지간도 심심찮게 눈에 띈다."

이들 특급 단골은 꼭 삼치를 먹겠다는 의지로 이곳을 찾는 게 아니다.

"가난했지만 낭만이 가득했던 추억의 시간을 되새김질하기 위해 해마다 찾아오는 것이다."

막걸리 한 사발이 고달픈 삶을 위로하고 삼치 한 접시가 허기진 배를 위로하던 모습은 50년 전이나 지금이나 크게 변함이 없다. 이곳을 찾는 이들은 한결같이 말한다.

"퇴근 후 마시는 대포 한 잔은 하루의 위안이자 소박한 즐거움이다."

그런고로 막걸리와 삼치는 서민의 음식이고 이곳 삼치거리는 서민의 거리라 할 수 있겠다. 서민의 쉼터이자 해방구인 이곳은 힘든 일과를 마치고 찾아온 사람의 피로를 풀어주고, 그들의 가벼운 주머니를 위로해주며, 친구들과 모여 앉아 세상 고민을 나누게 해주는 곳이다.

처음에는 싼 맛에 이 거리를 찾았으나 언제부터인가는 정으로 찾게 되더라는 30년째 단골은 그 이유를 이렇게 말했다.

"이곳을 찾는 이유 첫 번째는 값싼 안주와 푸짐한 양이지만, 진짜 목적은 이곳에 오면 우리만의 공감대가 형성되기 때문이다."

다른 지역에서 원정 온 어떤 손님은 이렇게 말했다.

"80년대 인하대에 다니는 친구를 따라왔다가 이곳에서 처음 제대로 된 삼치 맛을 알게 됐다. 그 맛을 잊지 못해 이렇게 가끔 주말이면 친구들과 함께 찾아오곤 한다."

추억을 함께 나눈 사람들과 추억의 그 공간에서 추억을 안주 삼아 술 한 잔 마시기 위해 종종 들른다는 또 다른 단골은 이렇게 회상했다.

"삼치거리에서 청춘을 보내지 않은 사람은 지금 이 술맛이 어떤 맛인지 짐작하기 힘들 것이다."

맞은편 식탁에 앉아 있던 또 다른 이도 질세라 한마디 거들었다.

"20년 전 대학생 시절에 자주 왔는데 그때 같이 막걸리 잔을 기울이던 친구들은 지금 어디서 어떻게 지내는지 궁금하다. 살면서 가끔 그때 추억이 흑백영화처럼 떠오른다."

이처럼 이곳을 찾는 단골의 정서는 대부분이 비슷한데, 그들은 하나같이 말한다.

"세월의 흔적이 이곳저곳에 녹아져 있어 올 때마다 추억이 새롭다. 내 청춘의 한가운데를 함께한 곳이 아직까지 제자리에 있어 줘서 고맙다."

세월은 가도 추억은 남는다더니, 후미진 뒷골목에서 오밀조밀 어깨를 맞대고 모여 앉아 사람 냄새 맡아 가며 먹는 음식이 더 맛있고, 기억도 더 오래가는 법이다.

파장 분위기는 대략 밤 12시를 기점으로 시작되나 문을 닫는 시간은 식당마다 제각각이다. 손님의 발길이 뜸한 집은 그쯤 해서 문을 닫고, 분위기가 아직 꺼지지 않은 집은 새벽 2시까지도 자리가 이어진다. 술자리를 마무리하는 모습도 다양하다. 밤 12시가 가까워지면

신데렐라처럼 기겁을 하고 뛰쳐나가는 사람이 있는가 하면, 남은 안주가 아까워서 술 한 병을 더 시켜야 한다며 새벽까지 술자리를 연장하는 사람도 있다. 밖으로 나와서는 대부분 자기가 왔던 길로 되돌아가지만, 간혹 불쾌해진 얼굴로 호기롭게 2차를 외치며 노래방 골목으로 향하는 사람도 있다.

식당에서 맨 마지막으로 나오는 사람은 물론 식당 주인장이다. 하루 장사는 고단했으나 고단한 만큼 주머니가 두둑해졌으니 마음만은 가볍다. 손님도 다 떠나고 식당 주인장마저 집으로 돌아가고 나면, 삼치거리에 남는 건 붉은 가로등과 늙은 고양이뿐이다. 고양이들은 보석을 훔치러 다니는 괴도 루팡처럼 발소리를 죽이고 거리를 활보하다가 먼동이 트면 골목 사이로 유유히 사라진다. 고양이가 완전히 사라지고 나면 삼치거리의 하루가 또 시작된다.

인하의집

○───

　1970~1980년대 서울에 명동과 대학로가 있었다면, 인천에는 신포동과 동인천역 일대가 있었다. 그 당시 신포동과 동인천역 주변은 젊은이들의 열기로 가득 차 인천의 '명동'이나 '대학로'라 불릴 정도로 인천 문화의 중심지였다. 신포동과 동인천역을 아우르고 있는 동인천은 130년 전 개항과 더불어 발전하기 시작했고, 1899년에 경인철도가 생긴 후로는 더욱 주목받기 시작해 거의 한 세기 동안이나 인천 최고의 역세권을 형성했던 곳이다.

　인천 최초의 지하상가인 동인천지하상가, 약속 장소로 유명했던 대한서림, 먹을거리로 가득 찼던 신포시장, 재래시장의 전설 중앙시장, 청춘들로 북적대던 인현동, 진정한 휴식처 자유공원, 헌책방거리로 유명한 배다리, 입시 지옥을 잠시나마 잊게 해줬던 애관극장과 인영극장과 동방극장, 젊음을 마음껏 발산하던 고고장과 디스코텍, 그리고 입장료가 40원이던 그 시절에 좌석은 100석 정도밖에 안 되었지만 그곳을 찾던 하루 인원은 1,000여 명에 달했다는 별음악감상실 등 헤아릴 수 없이 많은 가게가 동인천 일대에 포진하고 있었다.

인천 사람은 말한다.

"학창 시절에 동인천을 거치지 않은 사람은 없고, 소싯적에 이곳에서 놀아보지 않은 사람도 없을 정도이다. 그곳에서는 걸어 다니기보다 그냥 사람들 물결에 휩쓸려 떠다녔다는 표현이 더 적절하다."

인천 토박이 가운데 이 말에 토를 달 사람은 아무도 없을 것이다. 격동의 한국사를 써 내려가던 1970년대와 1980년대 동인천은 분명히 갓 잡아 올린 생선처럼 펄떡이며 살아 숨 쉬던 도시였다. 그러나 모든 거리가 다 호황을 누리며 화려하게 반짝인 것은 아니었다. 1970~1980년대 인천 경제 발전에 발맞춰 호황을 누리고 있던 거리 한 귀퉁이에는 '백항아리집', '미미집', '이모집', '고모집', '큰우물집', '다복집' 등과 더불어 '인하의집'이 있었다. 이곳은 주로 주머니가 가벼운 이들을 위한 선술집이었다. 그랬다, 중심인 번화가에는 동인천이 있었고, 동인천 뒷골목에는 이런 선술집이 있었다. 인천에서 약주 깨나 한다는 문인과 화백, 시장의 일꾼과 공장 노동자, 그리고 어른을 흉내 내고 싶어 안달이 난 고삐리와 가진 건 치기와 젊음뿐인 청춘들은 용동에서부터 신포동을 거쳐 인현동 뒷골목까지 성지를 순례하듯이 돌아다니며 막걸리 한 사발에 시름을 달래고 고단함을 털어냈던 것이다. 그러나 그것도 한 시절, 그 많던 선술집은 인천 경제의 쇠락과 함께 사라졌으며, 그중에서 지금까지 살아남아 있는 건 신포동의 다복집과 전동의 인하의집뿐이다.

　동인천 삼치거리의 그 뿌리는 인하의집이다. 삼치거리는 인하의집에서 시작되었으며 현재까지도 인하의집에서 정점을 찍고 있다. 중·장년이 삼치거리를 기억한다는 것은 곧 인하의집을 기억하는 것이나 다름없고, 블로그에 있는 그 수많은 맛 탐방 글 가운데 절대적 비중을 차지하는 곳 역시 인하의집이다. 그러니까 인하의집 역사가 곧 삼치거리 역사이고 인하의집 이야기가 곧 삼치거리 이야기가 되겠다.

　사람들이 모여드는 곳에는 다 이유가 있는 법이다. 음식이 맛있거나 값이 싸거나 주인장 인심이 후하거나, 이 셋 모두를 충족하면 금상첨화이겠으나 셋 가운데 하나만 있어도 사람들은 그곳을 기억한다. 그런데 여기 셋 모두를 갖춰 금상첨화인 곳이 있으니, 바로 삼치거리이다. 이 거리에 들어서면 별 이유 없이 마음이 훈훈해진다. 막 샀어도 십 년은 입은 듯한 양복처럼 처음 왔어도 늘 오던 거리 같은 편안함이 흐른다. 단골들은 물론이고 처음 가는 이들도 그런 느낌을 받는다. 그 느낌이 이 거리만이 가진 힘이다.

궁금하다. 진짜 궁금하다. 명성은 결코 하루아침에 이루어지는 게 아니거늘, 삼치거리가 오랜 세월 동안 세대를 아우르며 남녀노소 누구에게나 사랑받을 수 있었던 비결은 무엇일까. 이 거리만이 가지고 있는 고유의 향기와 빛깔은 어디서부터 시작된 것일까. 그 답을 얻기 위해 지금부터 잠시 시간 여행을 떠나려 한다. 우리 함께 50여 년 전으로 거슬러 올라가 보자.

홍재남, 이초자 부부

'인하의집'이 세상에 처음 얼굴을 내민 건 1968년이다. 그러나 시작은 미미했다. 간판도 없는 허름한 선술집으로 시작했으니 말이다. 이 선술집을 연 사람은 홍재남(1934년생, 황해도 연백)과 이초자(1946년생, 인천) 부부였다. 그리고 그때 사람들은 이 집을 '버드나무집', '뺑차집', '저물집' 등 자신들이 부르기 편한 대로 불렀다.

마당 한쪽에 커다란 버드나무가 있다 하여 버드나무집, 문이 두꺼운 나무로 되어 있어 잘 열리지 않아 들어갈 때마다 뺑 차고 다녔다고 해서 뺑차집, 날 저물녘에 들르는 집이라 하여 저물집 등 부르는 이름만 해도 십여 가지가 넘었다. 1970년대 초부터 버드나무집을 출입했다던 한 단골은 그때를 이렇게 기억했다.

"허름한 나무 대문을 발길로 '뻥' 차고 들어가던 집이었다. 마당에 술 상자 눕혀 놓고 거기 앉아서 먹었던 기억이 있는데, 막걸리는 항아리에서 퍼다 주고 주인아주머니께서는 우리를 항상 '도령'이라 불렀다."

다음은 인천문화재단 대표 김윤식 시인이 묘사한 그 집의 옛 풍경이다.

'중구 전동, 옛 축현초등학교 뒤쪽 대화주조로 들어가는 골목 오른쪽에 있는, 한 일본식 가옥에서는 인천에서 가장 값싼 생선을 막걸리와 소주 안주로 구워냈다. 그 술집은 원래 주인이 살던 가정집이었는데 아침이면 안방 이부자리를 걷어 내고 그대로 술청으로 사용했다. 그 일대가 일제강점기 때 일본인 마을이었던 까닭에 그 집도 일본식 가옥으로 남아 있었는데, 대문을 들어서면 마당에 잔디가 있었다. 지금도 대체로 주머니가 옹색한 사람은 문인이겠지만, 그 당시 우리 인천 문인들은 더욱 빈한해서 그나마 교사직에 있는 몇 사람의 윤택한 주머니에 의지해 저녁마다 한 잔의 황혼을 마시고는 했다.'

가정집을 개조한 선술집에서 주인장 내외는 삼치구이를 중심으로 여러 생선을 구워 안주로 내놓았는데, 저렴한 가격과 푸짐한 인심 덕에 입소문이 나면서 가난한 월급쟁이와 예술인과 젊은이들이 대거 몰려들기 시작했다. 변변한 식탁도 없는 집이었으나 집 안에는 항상 사람들로 발 디딜 틈도 없을 만큼 문전성시를 이루었다. 당시 사람들이 얼마나 많았는지를 홍재남 사장의 큰아들이자 인하의집 2대 사장이었던 홍종태 씨 얘기를 들어보자.

"사실 처음에는 간판도 없는 동네 뒷골목의 작은 주점에 불과했어요. 제대로 된 식탁도 없고, 또 마땅히 손님을 받을 방도 없어서 그냥 마루에서 손님을 받았지요. 그런데 언제인가부터 하루가 다르게 손님이 늘기 시작했어요. 손님들이 너무 많이 몰려오다 보니 결국 건넌방과 안방까지 손님들에게 내줘야 했지요. 나중에는 부엌 한쪽은 물론이고 화장실 바로 옆에도 손님이 탁자를 가져다 놓더군요. 마당에서는 그냥 대충 나무상자 같은 거 주워서 엎어 놓고 술을 마셨고요. 사람들이 얼마나 북적거렸는지 어머니께서 일일이 상을 봐 주지 못할 정도였어요. 단골이 식당으로 들어와도 제대로 된 인사도 못

뒤에 대화주조 입구가 보인다.

하고 그저 단무지 한 접시와 초장 한 접시, 그리고 막걸리 한 주전자를 놓고 가는 게 전부였어요. 그렇게 바빴어요. 손님들이 알아서 자리를 잡고 술자리를 만들면 어머니가 큰 쟁반에다 안주 차려다 주는 정도였지요. 술이나 안주도 알아서 가져다 먹고, 계산도 알아서 하고 가는 손님도 많았어요. 학교에 갔다가 돌아오면 들어가 앉을 자리가 없어서 손님들이 다 돌아갈 때까지 동생과 함께 밖으로 나가 돌아다녀야 했어요. 주로 자유공원을 올라갔지요. 다섯 살 터울인 동생 손을 잡고 자유공원을 한 바퀴 돌고 와 보면 손님이 더 늘어나 있고, 또 한 바퀴 돌고 와 보면 손님이 아까보다 더 늘어나 있어요. 어떤 때는 여덟 번을 돌고 들어온 적도 있었지요. 아프면 담배 연기 자욱한 방구석에 박혀 담요 한 장 뒤집어쓰고 그냥 누워 있어야 했어요."

주점을 막 시작했을 당시에는 그 골목에 있던 대화주조 사람들이 주 고객이었다. 양조장 일꾼들은 하루의 고단함을 풀기 위해 손에 막걸리 한 병씩 들고 퇴근길에 들르곤 했고, 그들이 오면 안주인은 고봉 가득 밥을 펐고, 바깥주인은 연탄불 위에서 생선을 구워 접시 가득 내놓았다. 처음에는 이렇게 동네 장사로 가볍게 시작했는데, 그게 조금씩 입소문이 나

이곳이 안방이고, 술상이 보인다.

기 시작한 것이다.

'막걸리 맛도 좋고 안주 가격도 싸고, 무엇보다도 주인장 부부의 인심이 후하더라. 그리고 뉴질랜드에서 들어온 생선 중에 어른 팔뚝만 한 삼치가 있는데 그거 한 마리면 다른 안주 필요 없이 배부를 때까지 마실 수 있더라.'

이런 소문을 듣고 제일 먼저 선술집을 찾은 사람들은 골목 근처에 있던 학교 선생님들이었다. 제물포고, 인천여고, 대건고등학교, 그리고 바로 앞에 있는 축현초등학교 등 당시 그곳은 학교가 밀집한 지역이었기 때문에 박봉인 선생님들이 부담 없이 이용하기에는 그만이었다. 입소문은 무서웠다. 소문이 꼬리에 꼬리를 물고 이어진 것이다. 그다음으로는 선생님들과 친분이 있는 지역 문인들과 화백들이 찾아오기 시작했다. 예나 지금이나 '가난' 하면 예술가들 아니겠는가. 그들은 술상을 사이에 두고 마주 앉아 밤을 지새우며 문학과 예술과 인생을 논했다. 그다음으로 찾아든 사람들은 월미도로 출퇴근하던 방위병이었다. 당시 방위병들은 낮에는 군인이었지만 밤이면 민간인이나 마찬가지인, 특별한 신분이었다. 퇴근 후 마땅히 할 일이 없었던 그들은 거의 매일 끼리끼리 어울려 돌아다녔는데, 주머니 가벼운 방위병들에게 저렴한 가격에 푸짐한 인심을 더한 인하의집은 지상의 천국이나 다름없었다. 그래서 그들은 거의 매일 공식처럼 낮에는 군부대로 출근하고 저녁에는 인하의집으로 출근한 것이다.

인하대 학생들이 몰려들기 시작한 건 그즈음부터이다. 소문이 골목을 벗어나 날개를 달고 인천을 떠돌다가 드디어 인하대 학생들귀에까지 들어간 것이다. 그때부터 걷잡을 수 없는 상황이 발생했다. 저녁이면 인하대생들이 인천역에서 내려 우르르 달려왔는데, 하루걸러 오는 학생은 착실한 편이었고, 일주일 중에서 강의실에는 두 번 나가고 나머지 5일은 인하의집으로 출석하는 학생도 있었다. 인하대생들에 대한 인하의집 안주인 이초자 여사의 관심과 배려 또한 좀 더 각별했다. 홍종태 씨에게 그 이유를 물었다.

"그 당시는 다들 가난한 시절이었지만 특히 대학생의 주머니는 더 옹색했지요. 가난한 사람이 추위도 더 타고 배고픔도 더 느끼는 거잖아요. 용돈이 궁한 대학생들은 늘 밥과 술에 굶주려 있었어요. 어머니는 '싸고 맛있고 양도 많더라'는 소문만 믿고 찾아온 인하대생들이 다 당신의 동생 같고 자식 같고 그랬나 봅니다. 부모님은 두

마당에 있던 술통

분 다 배고픔이 많은 분이셨어요. 아버지는 한국전쟁 때 열여덟의 나이로 월남해 갖은 고생을 다 하셨고요, 어머니도 한국전쟁 당시 고아가 되어 일찍부터 고생을 많이 하셨지요. 당신들이 배고프고 서러운 세월을 겪으며 자라다 보니 배고픈 사람들에 대한 맹목적인 인정이 있었어요. 특히 어머니는 어려서부터 고생을 많이 했고, 또 피붙이 없이 자란 게 한이 되어서 그런지 유독 궁색한 차림의 젊은이만 보면 안쓰러워했습니다. '너희, 배고프지, 많이 먹어. 돈 걱정하지 말고 많이 먹어.'라는 말이 어머니 입에서 습관처럼 나오곤 했으니까요. 어디 그뿐인가요. 학생들이 돈 없다고 그러면 그냥 보내고, 차비까지 찔러줬지요. 그런 어머니의 푸근한 인정이 인하대생의 마음을 움직인 거지요. 그런 까닭에 우리 집을 찾아오는 모든 인하대생은 우리 어머니를 자신의 친어머니 이상으로 생각했지요. 어머니는 인하대생의 이모이자 고모이자 어머니였지요."

허름한 나무 대문 안에 왁자하니 모여 앉아 찌그러진 주전자에 가득 담긴 막걸리를 놓고 밤새 정치와 이념을, 그리고 사랑과 인생을 이야기한 사람이 어디 인하대생뿐이었겠는가. 허름하고 비좁은, 생선 냄새와 막걸리 냄새와 사람 냄새가 섞여 있는 이 집에는 인천의 불안한 청춘이 다 모여 있었다. 한쪽에서는 시국을 논하고 다른 한쪽에서는 사랑과 이별을 얘기하고 또 한쪽에서는 불확실한 자신의 미래를 걱정하며 술잔을 높이 들었던 것이다. 따라서 인천에서 태어나 인천에서 자라고 인천에서 학교를 다닌 젊은이 대부분은 인하의집에서 술을 배우고, 인하의집에서 인생을 배우고, 인하의집과 함께 나이를 먹었다고 해도 과언이 아니다. 70년대부터 주기적으로 인하의집을 찾고 있다는 어느 단골은 잔 가득 막걸리를 채우며 홀로 옛 생각에 잠겼다.

"지금은 분위기가 많이 차분해졌어요. 예전엔 안 그랬어요. 손님이 너무 많고 시끄러워서 상대편과 대화조차 나누기 힘들었지요. 시끄럽고 어수선해 막걸리가 코로 들어가는지 귀로 들어가는지 모를 정도였으니까요. 그렇지만 그때 우리들에겐 그곳만큼 편하고 좋은 곳이 없었어요. 중년의 어른도 많았는데 젊은이와도 잘 어우러졌어요. 젊은이끼리 술 마시고 싸우면 어른들이 젊은이에게 술과 담배를 권하며 서로 달래줬으니까요. 젊은이들이 호기를 부려도 젊은 놈들이 어쩌고 하면서 꼰대 짓은 하지 않았지요. 돈 없는 젊은이가 안주로 단무지를 빨고 있으면 넌지시 생선 안주도 건네주었고, 자리가 없어서 화장실 앞에 쭈그리고 앉아 있으면 '이리들 올라오게나.' 하고는 자리에 합석해 술도 따라주곤 했지요. 그러면 젊은이들은 또 금방 다소곳해져서 어른들 말씀을 귀담아들으며 인생을 배우곤 했어요. 그래요. 우리 때는 그랬어요. 그래서 그때 우리에게 인하의집은 그냥 술집이 아니었어요. 인하의집은 중년과 젊은이가 자연스럽게 섞여서 세상 이야기를 나누는 동네 사랑방과 같은 공간이었지요. 물론 지금은 예전 같은 분위기가 아니에요. 그래도 묵은 정이 그리워서 또 오게 되지요."

블로그에 올라와 있는 단골의 추억담도 끝이 없었다. 그것만 가지고도 책 한 권 분량은 거뜬할 것이다. 누군가는 아름다운 기억으로 누군가는 서글픈 기억으로 추억의 한 페이지를 장식하고 있으니 말이다. 겪는 입장에서는 가슴 쓰린 일이었을지 모르겠으나 듣는 입장에서는 배꼽 빠질 이야기도 한둘이 아니다.

홍재남

"인하의집은 인천에서 자란 사람이라면 누구나 한번은 거쳐 가는 집이다. 고등학교 졸업식을 앞두고 처음 술을 배우는 곳이기도 하고, 남자가 여자를 꼬시기 위해 꼭 한번 데리고 가야 하는 집이기도 하다. 내 친구도 그때 인하의집에서 만난 여자와 결혼해서 지금까지 잘 살고 있다. 나는 한창 혈기 왕성하던 스무 살 때 인하의집에서 막걸리와 삼치를 먹기만 하면 좋아지는 기분을 자제하지 못해 동인천을 싸돌아다니며 마시고 또 마시곤 했다. 결국 기절해서 집으로 배달되곤 했다."

이쯤에서 다시 궁금증이 생겼다. 정말 그것뿐일까? 저녁마다 문전성시를 이룬 비결이 단지 그것뿐일까. 세상에 알려진 대로 저렴한 가격과 주인장 내외의 넉넉한 인심과 편안한 분위기뿐이었을까. 그 외에 또 다른 비장의 무기는 없었던 것일까. 명색이 50년 터줏대감인데 뭐가 달라도 다른 이 집만의 비법이 있어야 하지 않을까. 그것이 알고 싶어 60년대 후반부터 지금까지 인하의집을 내 집처럼 출입했던 단골을 찾아 나섰다. 예상했던 대로 과연 특별한 것이 있었다. 그런데 답은 의외였다. 그 첫 번째 이유는 바로 막걸리였다.

인하의집이 삼치로 떴지만 당시 진짜 입소문의 주인공은 바로 막걸리였다는 점이다. 막걸리가 다 그 맛이 그 맛 아닌가? 결론은 아니다. 그것은 인하의집 홍 사장이 동인천 최고의 막걸리 맛을 내기 위해 혼자 연구 끝에 얻어낸, 조금은 색다른 맛이었는데, 과연 그 맛의 정체는 무엇일까.

고기도 먹어 본 사람이 맛을 안다고 인천에서 술맛 좋다는 집은 죄다 찾아다니며 마셔 본 홍 사장은 술 하면 일가견이 있는 사람이었다. 술은 전쟁 통에 월남해 삼팔따라지로 멸시받던 시절부터 그를 위로해주던 둘도 없는 친구였다. 누군가는 하루라도 책을 읽지 않으면 입에 가시가 돋았다고 했지만 홍 사장은 하루라도 막걸리를 마시지 않으면 삶의 낙이 없던 사람이었다. 그래서 홍 사장이 술맛을 감별하는 달인이 된 건 당연지사였다.

홍 사장은 대화주조에서 나오는 술을 받아다가 이렇게도 해보고 저렇게도 해보면서 나름의 제조법을 만들어 냈다. 비법은 탄산에 있었다. 탁주 안에 있는 탄산을 적당히 빼서 12시간 동안 숙성시키는 방법이었다. 그렇게 해서 홍재남표 막걸리가 만들어진 것이다. 선수는 선수를 알아본다고 진짜 술맛을 아는 사람들은 그 맛을 알아보고 장안까지 소문을 냈는데, 멀리서도 그 맛을 보겠다며 찾아오는 사람이 하나둘씩 늘어나기 시작했다.

두 번째 이유는 초장이다. 막걸리보다 더 의외의 대답이었다. 홍 사장은 색다른 맛이 나는 초장을 만들어 냈는데, 그게 또 오징어 데침과 절묘하게 조화를 이뤄 사람들의 입맛을 사로잡은 것이다.

"생선구이는 청양고추와 양파를 곁들인 칼칼한 간장에 찍어 먹어야 하고, 오징어는 큼직하게 썬 대파와 양파, 고추 등을 고추장에 넣고 버무린 초장에 찍어 먹어야 한다. 그러면 입안이 개운해진다."

이렇게 초장 또한 삼치와 막걸리에 버금가는 존재로 인하의집에서 인기를 끌기 시작한 것이다. 초장 맛을 보는 순간, 김혜자 씨가 십 년 넘게 텔레비전에서 우려낸 소리, '그래 바로 이 맛이야.'라는 말이 입에서 저절로 새어 나왔다. 이렇게 호평이 쏟아지고 있는 그 맛의 실체를 좀 더 생생하게 느껴보기 위해 카페 '인천 중구를 사랑하는 사람들'에 올라와 있는 '공간' 님의 글을 보자.

'내가 어릴 적, 제일 좋아했고 자주 사 먹었던 것 중 하나가 오징어 데침이었다. 그러나 나는 오징어도 물론 좋아하지만, 그 톡 쏘는 향이 나는 초장을 엄청나게 좋아했다. 어찌 보면 초장을 먹기 위해 오징어를 먹었다고 할 정도로 진짜 좋아했다. 오징어가 꽂혀 있는 왕옷핀을 들고 초장을 향하여, 오징어가 안 보일 정도로 푹 담가버리면 초장이 아까웠는지 주인아저씨 입에서는 온갖 협박이 난무했다. 각설하고, 세월이 흘러 20대 중후반 시절, 직장 동료와 예비군 훈련을 마치고 지금의 인하의집 전신인 버드나무집에서 우연히 술 한 잔을 하게 되었다. 그때도 단연 삼치구이가 인기였으나 그날은 여러 가지 안주를 시켜 먹었는데, 그중에 오징어 데침이 있었다. 오징어를 좋아했던 나로서는 오징어에 젓가락이 갔고 초장을 찍어 먹는 순간, 망

이초자

치로 뒷머리를 얻어맞은 듯한 충격이 왔다. 아, 바로 어릴 적 온갖 협박을 이겨내며 먹었던 그 초장 맛이 아니던가. 거의 100퍼센트에 가까운, 어릴 적 그 맛이 내 눈앞에서 재현되고 있었다.'

어느 기자는 이 초장에 대해 이렇게 썼다.

'그 맛이 기가 막혀 인천의 내로라하는 요리사가 성분 분석을 통해 재현을 시도했으나 모두 실패했고, 호기심 많은 아저씨도 이 초장을 비닐봉지에 몰래 담아 집으로 가져가 똑같은 맛을 시도해 보았으나 모두 실패했다.'

인하의집이란 간판을 단 건 1986년이다. 1968년에 골목 안 허름한 곳에서 이름도 없이 시작했던 삼치집이 정식으로 간판을 붙인 건 시작한 해로부터 딱 18년이 지난 후였다. 이십여 년을 한결같은 모습으로 제자리를 지키고 앉아 있었던 건 바로 단골들 때문이었다. 인하의집 단골은 자리가 비좁으면 비좁은 대로 건물이 낡았으면 낡은 대로 그곳의 그런 모습을 좋아했다. 돈도 벌 만큼 벌었는데 식당에 투자하지 않는다고 힐난하는 사람도 있었지만, 주인장 내외는 개의치 않고 대다수 단골의 의견을 존중해 이십 년 동안 묵묵히 그 자리를 지킨 것이다. 뒤늦게 이사한 건 그 집이 갑자기 헐리게 되어서 그렇고, 식당 이름을 인하의집이라 정한 건 인하대생에 대한 고마움의 증표였다. 서정주 시인을 키운 게 8할이 바람이었다면 인하의집을 키운 건 8할이 인하대생이기 때문이다.

그렇다면 삼치거리가 형성된 건 언제부터였을까. 축현초등학교 뒷골목에 삼치거리가 본격적으로 형성되기 시작한 건 1993년부터이다. 1990년대 초까지만 해도 그 거리에는 인하의집과 인천집, 본전삼치, 이렇게 세 집밖에 없었는데 인하의집이 대박 났다는 소문이 나자 이웃에 식당이 하나둘씩 생겨나기 시작한 것이다. 그 골목은 원래 문구점, 화방, 체육사, 분식집 같은 가게가 들어차 있던 곳이었다. '내동일번지' 님 글처럼 자유공원을 오르는 초입부터 '대동체육사', '대동화방', '대동문구', '대동만화', '대동분식' 등 수많은 계열사를 거느린 '대동'을 비롯해 학생과 관련된 여러 가게가 성업을 이루고 있었다. 용동 마루턱을 기준으로 신포동과 경동은 어른들의 공간이요, 인현동은 얄개들의 구역이라는 말이 있듯이 주변은 온통 학교였기 때문이다. 고등학교 4개를 비롯해 초등학교와 중학교를 더하면 10여 곳이나 되었다. 그러나 한동안 번창 일로를 달리던 문구점은 주변

학교가 다른 지역으로 이전하면서 대부분 문을 닫았고, 그 빈자리에 식당이 하나둘씩 들어서면서 자연스럽게 삼치거리가 형성된 것이다.

후임 주자가 삼치거리에 입성하기 전에 제일 먼저 찾아가 도움을 청하는 사람은 바로 원조 홍 사장이다. 홍 사장은 이곳에서 삼치식당을 하고 싶다고 찾아오는 사람 누구에게라도, 텃세 없이, 흔쾌히 수락했을 뿐만 아니라 직접 나서서 갖은 편의를 봐 주곤 했다. 또 인하의집에 자리가 없어서 손님이 줄을 서서 기다리고 있으면 홍 사장은 다른 집도 맛있다며 옆집을 소개하기도 했다. 그 바쁜 와중에도 직접 손님 손목을 잡고 다른 식당으로 안내할 정도였다고 하니 더 말해 뭣하겠는가. 삼치거리 사람들은 아직도 이런 홍 사장 내외를 잊지 못하고 있다. 젊은 시절에는 인하의집 단골손님이었고, 지금은 삼치거리 '양산박삼치'의 주인장이 된 김남수 사장은 이렇게 회고했다.

"지금도 마찬가지지만 70~80년대에는 수원, 영등포, 부천, 안양 등지에서 손님들이 찾아올 만큼 원조집의 명성은 대단했지요. 사실은 그때 나도 인하의집 단골이었어요. 출퇴근을 서울로 했는데 밥은 서울에서 먹어도 술은 꼭 인하의집에서 마셨으니까. 그러다가 내가 잘 나가던 회사 그만두고 일을 하나 벌였는데, 잘 안 되자 한동안 힘들었어요. 그때 홍 사장님께서 내 손을 잡고 이 길로 이끌어 주셨어요. 식당 터를 잡아 주는 것부터 시작해서 생선 손질해 튀기는 방법까지 일일이 다 가르쳐 주셨지요. 그분 덕에 여기서 자리 잡고 30년을 잘 먹고 살았고, 자식들 대학 공부도 다 시켰어요."

잘 나가던 동인천이 브레이크 없는 내리막길로 내달리기 시작한 것은 1990년대가 들어서면서부터이다. 시청사 이전과 더불어 중심부가 점차 주안, 부평, 구월동 등으로 이동하면서 상권도 크게 위축되기 시작한 것이다. 게다가 1999년에는 인현동 호프집 화재라는 대형사건이 발생했고, 이후로 동인천은 구도심이라는 꼬리표와 함께 본격적인 쇠락의 길로 들어서게 된다.

전주에 가면 비빔밥을 먹어야 하고 춘천에 가면 닭갈비와 막국수를 먹어야 하듯이 인천에 오면 삼치 맛을 봐야 인천을 제대로 알 수 있다는 이야기가 전해질 정도로 유명했던 삼치거리였지만, 시시각각 변하는 세월의 무게를 과연 누가 대적할까. 40~50집이나 밀집해 있던, 축현초등학교 후문 골목을 빼곡히 채우고 있던 삼치집 가운데 절반 이상이 이때 문을 닫고 골목을 떠났다.

동인천역 앞에 있던 롤러장과 음악다방은 노래방과 피시방으로 바뀌었고, 가요부터 팝, 재즈, 클래식에 이르기까지 없는 게 없었던 음반점은 단 두 곳만 살아남았으며, 인천 최초의 지하상가라는 명성에 걸맞게 한 시대를 풍미했던 지하상가는 곳곳에 '점포임대'라는 글씨만을 선명하게 붙여 놓고 있다. 지금 문을 열어 놓고 있는 상가 또한 80년대에서 시간이 멈춘 듯 흉물스럽게 변해서 인천의 중심지였던 동인천은 어느새 변두리가 되고 말았다.

이와 같은 현상이 벌어지고 있음에도 불구하고 삼치거리가 추억 속에 묻히지 않고 그 자리를 꿋꿋하게 지키고 있는 것은, 또 옛 명성을 그런대로 유지해 나갈 수 있었던 이유는 순전히 그들만의 '공동체 정신' 때문이다. 인천에서 가장 번화하던 곳에서 가장 쇠락한 곳

지금은 사라지고 없는 그림이다.

으로 전락한 동인천이 망연자실하며 두 손 놓고 있는 동안, 이곳 삼치거리 상인은 원조 '인하의집'을 중심으로 똘똘 뭉친 다음 현실의 문제를 타개하기 위해 머리를 맞대고 둘러앉은 것이다. 내 것보다는 우리, 이익보다는 사람, 사람을 중요하게 생각하는 거리를 만들자는 것이 그들이 찾은 해답이었다. 그리하여 뛰는 물가에도 불구하고 저렴한 가격을 그대로 유지해 가난한 서민의 마음을 위로해 주자는 결의가 채택되었고, 자연스럽게 삼치거리에는 상인 상호 간의 소통과 화합을 우선시하는 새로운 공동체 문화가 형성된 것이다. 이런 각별한, 그 당시에는 생각조차 할 수 없었던 노력의 결과로 삼치거리는 주머니 사정이 여의치 않은 이들이 언제든지 편하게 찾아갈 수 있는 착한 골목으로 자리를 잡게 되었으며, '화평동 냉면거리', '신포시장 닭강정' 등과 함께 구도심 상업 지역의 한계를 뛰어넘는, 성공적인 사례로 남게 되었다.

이리하여 지옥 끝에서 살아남은 삼치거리는 더욱더 탄탄해졌다. 그중 인하의집 인기는 타의 추종을 불허했다. 인하의집만큼은 항상 손님들로 초만원이었다. 주변에서 사업장을 확장하라는 얘기가 꾸준히 나와도 홍 사장은 눈도 끔쩍하지 않았다. 건드리지 않는 건 식당만이 아니었다. 삼치는 물론이고 파전과 홍합, 묵 등 모든 안주 가격을 20년 동안 한 번도 올리지 않았다. 단골에 대한 배려이자 예우이기도 했지만 홍 사장 자신이 일찌감치 욕심을 버렸기 때문이다. 아들의 권유에 못 이겨 방송에도 여러 번 나왔으나 이것도 탐탁하게 생각하지 않았다. 텔레비전에 나갔다는 홍보물을 간판이나 식당에 붙이지도 못하게 했으며, 심지어 간판에 원조라는 말을 절대로, 영원히 넣지 못하도록 했다.

"누군가 먼저 붙이기 시작하면 다른 누구도 반드시 따라 하게 되어 있다. 그게 장사의 속성이다. 그러면 우리 골목은 금방 망가진다. 우리 골목은 서민의 골목이다. 화려해야 할 필요도 요란한 필요도 없다. 값이 싸고, 맛있고, 거기다 푸짐하기까지 하면 그걸로 다 된 거다. 그것만 잘 유지하면 손님들은 저절로 찾아온다. 그러니 절대로 상술을 부리지 말고 그냥 편안하게 가자. 그리고 우리만 잘 먹고 잘 살겠다는 생각은 버려라. 같이 잘 먹고 잘살면 더 좋지 않겠나. 그러려면 욕심부터 버려야 한다."

덕분에 삼치거리는 소박하면서도 푸근한 거리 풍경을 계속 유지할 수 있었다. 그러나 흐르는 것이 어찌 강물뿐이랴. 만남이 있으면 헤어짐도 있는 법, 그게 곧 세상사 이치일 터이다. 구도심 상권 몰락이라는 악재마저 잘 통과하며 전국구의 명성을 이어 가던 인하의집에 첫 번째로 어려움이 닥친 건 1997년이었다.

인하의집 안주인 이초자 여사가 갑자기 쓰러진 지 사흘 만에 유명을 달리하고 만 것이다. 과로사였다. 이초자 여사는 매일 백 명이 넘는 손님을 받으면서도 주방에서 요리하고 설거지하는 일부터 손님 접대까지 혼자 손으로 해낼 만큼 꼼꼼하고 억척스러운 사람이었다. 밤늦게까지 일하고 나면 집에 돌아와 밤새도록 끙끙 앓는 소리를 냈지만, 그다음 날 아침이면 어김없이 일터로 나갔다. 그렇게 그이는 30년을 하루같이 살았다.

가족은 말할 것도 없겠지만 삼치거리 사람들과 단골들, 특히 인하대생들과 중앙대 산악회 등 가족 같은 단골들은 충격에서 쉽게 벗어나지 못하고 상갓집으로 달려갔다. 당시 상갓집을 찾은 사람들의 곡소리가 골목 밖에서도 들릴 정도였다고 하니 그 슬픔을 짐작하고 남을 것이다. 식당 문은 한동안 닫혔다. 인하의집 없는 삼치거리는 상상이 되지 않듯이 이초자 없는 인하의집 또한 상상이 안 되는 상황이었다. 남편 홍재문 사장은 식당 문을 열 생각은 하지 않고 술로 날을 지새웠다. 1968년에 식당 문을 연 이후 최대의 시련기였다.

그러나 문을 닫을 수는 없었다. 70~80년대 인하의집에서 청춘을 보냈던 인천 사람들에게 그곳은 언제든 찾아가면 반갑게 맞아주는 고향 같고 엄마 품속 같은 곳으로 이미 자리를 잡고 있었기 때문이다. 다행스럽게도 뒤늦게 홍재문 사장의 큰아들 홍종태 씨가 중국 유학을 포기하고 가업을 잇게 되었고, 인하의집은 다시 옛 모습을 되찾게 되었다. 인하의집은 그때부터 제2대 사장 체제로 전환되었다. 어려움이 없는 건 아니었으나 오랜 단골들의 전폭적인 지지에 힘입어 2대 사장 체제는 무난히 안착하게 되었다.

두 번째 시련이 닥친 건 2006년이었다. 원조 인하의집 1대 사장 홍재문 씨가 투병 끝에 세상을 등진 것이다. 부인과 사별한 지 9년 만

삼치거리 상인들이 열어준 홍재남 칠순 잔치

에 일어난 일이다. 삼치와 막걸리로 한 시대를 풍미했던 삼치거리 좌장이 죽은 것이다. 뒤늦게 소식을 듣고 달려온 옛 단골들은 통곡했다.

"이제 인하의집은 죽었다. 두 분이 다 안 계신 인하의집은 더 이상 인하의집이 아니다."

"인생의 한 부분이 통째로 도려내진 기분이다."

원조 삼치집 주인 홍재남과 이초자 부부를 그리는 마음은 단골들뿐이 아니었다. 이 부부와 삼치거리에서 오랜 시간을 함께 보낸 이웃 식당 주인장들의 마음은 단골들보다 더하면 더했지 결코 덜하지 않았다. 양산박삼치 주인장은 지금도 가끔 삼치구이 한 마리와 막걸리 한 통을 들고 두 분 산소를 찾아가 고맙고, 감사하고, 수고했다는 인사를 하고 온다.

전통은 하루아침에 이루어지는 게 아니듯이 하루아침에 사라지는 것도 아니다. 시간과 공간을 꿰뚫고 후대로 이어진 원조 부부의 굴곡진 삶은 이 거리를 지키는 정신이 되었고, 이곳 사람들 또한 원조 부부의 이름에 먹칠하지 않으려는 듯이 그 정신을 고이 간직하며 살아가고 있다. 지금도 삼치거리 사람들은 손에 잡힐 듯한 당시를 기억하며 되새긴다.

"장사가 안되는 집이 있으면 자신의 집에 있는 손님을 직접 그 집으로 모시고 가서 팔아줬어."

"아들에게도 절대로 가게 터를 확장하지 마라, 다른 집도 먹고살아야 한다고 하셨지. 우리가 배울 게 많았어."

"음식 솜씨도 좋았지만 무엇보다도 인심이 후했지. 가난한 사람들에게는 공짜 술, 공짜 밥을 많이 줬어. 지금 50대 이상인 단골들은 그 두 분 정을 잊지 못해서 찾아오는 거야."

"그분들 계실 땐 단합 대회도 자주 했고, 1년에 한 번씩은 꼭 야유회를 갔어. 한 사람도 빠지지 않고 다 참석했지. 그땐 우리 골목 상인이 진짜 다 한 가족 같았어."

"너무 일찍들 돌아가셨어. 아까워 죽겠어."

"인하의집 주차장에는 100년 된 라일락이 있어. 올해도 꽃이 활짝 피었더군. 그 집 안주인이 좋아하던 꽃이야. 오다가다 그 꽃을 보면 그분들이 더 생각나."

"그분들이 심어 놓은 정신을 잊지 않으려고 노력하지. 그래서 새로운 가게가 들어오면 우리는 새 주인에게 꼭 그분들 이야기를 해줘."

삼치거리가 또 한 번 변곡점을 맞게 된 것은 2008년이었다. 인천광역시 중구청이 행정안전부 간판시범거리 조성사업 우수계획에 선정되어 국비 3억 원으로 삼치거리를 변화시키려는 계획 때문이었다. 중구청에서는 이렇게 밝혔다.

"삼치거리는 월미관광특구를 형성하는 중심 도로변에 위치해 있고, 또 유동 인구가 많은 상업 지역이지만 무질서하고 노후화된 간판이 집중되어 있는 구간이기도 하다. 인천세계도시축전, 인천아시안게임에 걸맞은 이미지 연출을 위해 파급 효과가 큰 지역을 선정해 개선 사업을 진행한다."

간판시범거리 조성사업에 처음부터 모든 식당이 다 찬성했던 건 아니었다. 관광객 유치를 위해 산뜻한 분위기도 중요했지만, 이미 자리를 잡고 있고, 또 단골도 많이 확보하고 있는 식당 입장에서는 굳이 간판을 바꿔야 할 이유를 찾지 못할뿐더러 수십 년 전통을 고수해 오다가 단순히 변화를 위한 변화를 위해 간판을 바꾼다는 건 가슴에 와 닿지 않는 일이었다.

특히 인하의집 2대 사장인 홍종태 씨의 고민은 컸다. 흰색 바탕에 녹색 글씨로 되어 있는, 길쭉한 직사각형 모양인 옛 간판은 아버지 홍재남 사장이 현재 위치로 이전하면서 특별한 마음을 담아 걸어 놓은 최초의 간판이었기 때문이다. 그것은 간판이었으나 그냥 간판은 아니었다. 비록 허름하고 촌스러운 느낌을 주기는 했으나 거기에는 홍재남, 이초자 부부의 삶과 인하의집 40년 역사가 고스란히 담겨 있었기 때문에 돈으로 환산할 수 없는 귀한 물건이었다. 단골들 또한 극구 반대했다. 그전에 인하의집 간판 글자 가운데 받침 하나가 떨어져 나가자 청테이프로 붙여 놓았는데, 그것도 그대로 놔두길 바랄 정도였다. 그것조차 다 추억이자 역사라는 것이 그들의 설명이다.

단골들은 그냥 옛 모습 그대로가 좋았던 것이다. 블로거의 삼치거리 탐방기에 인하의집 옛 모습이 심심찮게 올라오는 건 단골들이 옛 모습을 얼마나 그리워하는지를 그대로 보여 주는 대목이다. '인천 맛집 멋집' 카페에 올라와 있는 '발길닿는데로' 님의 글도 이런 맥락에서 보면 상당히 재미있는 표현이다.

'동인천 삼치거리를 지나가다 보면 유난히 시끄러운 소리가 나는 집이 있다. 다른 집은 간판도 환한데 이 집은 아크릴로 벽에 붙여 놓은, 불도 안 들어오는 그런 허름한 모양새의 간판을 달고 있다. 그

옛날 인하의집 간판

렇지만 왁자지껄한 그 안으로 자꾸 눈길이 간다. 안에 들어서면 침침한 조명 아래 작은 테이블이 몇 개 있고, 그 위에 주전자를 하나씩 올려놓은 사람들이 시끄럽게 연신 무어라 알 수 없는 얘기들을 하며 주거니 받거니 술잔을 부딪치고 있다. 그곳은 인하의집이다.'

추억이 깃들어 있는 그 골목 그 모퉁이에 옛 모습을 그대로 간직한 그 집이 있다는 것만으로도 삶의 위로가 되고 위안이 되지 않을까. 시시각각 변하는 도시, 그 생활에 지친 사람들에게 그곳은 한 줄기 빛이요, 바람이지 않을까. 그래서 어느 블로거의 다음과 같은 말은 가슴을 타고 들어온다.

'실내장식이 잘 된 호프집에 앉아 있어도 여전히 허름한 인하의

집이 막 생각나고, 치맥을 시켜놓고도 삼치에 막걸리가 더 당긴다.'

관광 사업을 두고 벌어지는, 각 지자체의 이러한 공공프로젝트를 바라보는 시민의 시선 또한 곱지만은 않았다. 비슷비슷한 그림과 간판이 이 골목 저 골목에서 반복되다 보니 골목 색깔이 없어졌다는 것이다. 오히려 의욕 과잉으로 말미암아 지역의 관광 이미지를 퇴색시킨다는 지적도 있다. 별다른 장식이 없어도 선술집 고유의 이미지와 분위기를 유지하고 있는 삼치거리조차 굳이 관광객을 유치한다는 명목으로 알록달록한 색깔을 입혀야 할 필요가 있겠는가 하는 비판이 제기된 것도 그런 정서가 밑바탕에 깔려 있기 때문이다.

그러나 관이 주도하는 일에 계속 개인사를 고집할 수는 없었다. 더군다나 아버지가 세상을 떠나는 순간까지도 입에 담았던 말이 떠올랐다.

"동네일에는 무조건 협조해라. 내 것보다는 동네가 먼저다."

이 말이 계속해서 홍종태 씨를 괴롭혔다. 결국 고민 끝에 다시 결론을 내리게 되었다. '간판이 아름다운 삼치거리 조성사업'이 인근 상권을 되살릴 수 있는 계기가 된다면 1억 원의 가치가 있는 간판이라도 바꿔야 한다고 생각을 굳힌 것이다. 거리는 새롭게 단장되었다. 지난 2008년 10월부터 2009년 3월까지 삼치거리에 있는 21개 업소에

마지막 가족사진

약 44개 간판을 새롭게 단장했다.

인하의집에 세 번째 어려움이 닥친 건 2011년이었다. 어머니 이초자 여사가 돌아가시고 나서 이어받은 가업을 15년째 운영해 오던 홍종태 사장이 피치 못할 사정으로 말미암아 인하의집에서 물러나게 된 것이다. 홍종태 사장은 최종적으로 결론을 내기까지 1년 동안 깊은 고민 속에서 살았다.

"여섯 살 때 아버지 손잡고 연안부두에 따라가 생선을 떠 오는 일부터 사춘기 때 어머니를 고생시키는 아버지가 미워서 큰소리로 대들었던 일, 절대로, 절대로 식당 일은 하지 않겠다고 다짐했으나 어머니가 돌아가시자마자 술독에 빠져버린 아버지를 구하기 위해 어쩔 수 없이 가업을 잇게 된 일, 비가 새는 천장에 궁여지책으로 노란 양은 주전자를 달아 놓았더니 손님들은 오히려 더 운치 있다며 칭찬하던 일 등이 생각났습니다. 그리고 '좀 더 부지런하게 좀 더 꼼꼼하게'를 주문처럼 외우던 아버지가 돌아가시기 직전에 '지금처럼만 해다오. 널 믿고 가마.'라며 유언처럼 남기는 말을 듣고는 처음으로 '아버지 사랑해요.' 하면서 아버지를 끌어안고 울었던 일, 부모님이 다 돌아가시고 나자 허전한 마음 달랠 길 없어 괴로웠는데 그때마다 위로와 격려의 말로 힘을 보태던 단골 등 모든 것이 다 기억 속에 남아 있었으니까요."

인하의집을 떠난다는 것은 곧 아버지와 자신에게 걸쳐 있던 삶의 궤적을 통째로 잃는다는 것을 알았지만, 결국 그는 제삼자에게 사장 자리를 인계하고 3년 전에 인하의집을 떠났다.

오늘도 인하의집은 만원이다. 음식은 꼭 맛으로만 먹는 게 아닐 게다. 비록 주인장은 바뀌었을지라도 단골들은 여전히 인하의집 문을 열어젖힌다. 실망하고 돌아서기에는 인하의집과 정이 들어도 너무 들었기 때문일까. 인하의집을 그리워하는 그들의 정은 이렇게 각별하다.

그 옛날 이틀이 멀다 하고 찾아와 밤새도록 개똥철학을 설파하거나 시국을 논하던 인하대생, 30년이 지난 지금은 머리 희끗희끗한 중년이 되어 인하대생이 된 자기 아들을 데리고 다시 인하의집으로 들어선다. 이 중년의 신사는 30년 전에도 그랬던 것처럼 막걸리 한 주전자와 삼치 한 접시를 시켜 놓고, 이미 전설이 되어 버린 옛날 옛적 인하의집과 옛날 옛적 원조 부부 이야기를 아들에게 들려주면서 하루를 마감한다.

이렇게 밤이 깊어질수록 삼치거리에는 사람들의 제각각 사연이 차곡차곡 포개진다. 오늘 밤도 또 그렇게 삼치거리의 전설은 이어지고 있다.

삼치 공동체

　텔레비전을 켜면 이른 아침부터 늦은 밤까지 쉴 새 없이 먹을거리에 대한 소개가 이어진다. 흡사 먹기 위해 사는 민족이 아닌가 싶을 만큼 온 국민이 먹는 타령이다. 채널을 이쪽으로 돌려도 먹는 얘기, 저쪽으로 돌려도 먹는 모습뿐이다. 누가 더 맛있게, 더 빨리, 더 많이 먹나 하며 경쟁이라도 하듯이 먹어 치운다. 하정우 먹방, 추사랑 먹방, 폭풍 먹망, 먹방의 달인, 먹방 모음 등 온통 먹는 얘기가 판을 치고 있다. 먹방이 뭔지를 꼭 보여주고야 말겠다는 태세이다. 못 먹고 살았던 세월이 한이 되어 그런가 싶어 이해를 하려고 해도 좀 유난한 건 사실일 것이다.

　이렇게 먹는 얘기는 텔레비전에서 그치지를 않는데, 요리 프로그램에 이어 맛집 프로그램까지 그 내용도 다양하다. '맛집탐방', '맛집추천', '맛집여행', '맛집동호회', '맛집파워블로그' 같은 프로그램은 시골 농가에서부터 섬마을까지 맛 좋고 몸에 좋은 음식이 있다면 세상 어디를 가리지 않고 찾아간다. 이렇게 해서 찾아낸 유명 짜한 먹을기리 골목이 세상에 그 정체를 드러낸다.

떡볶이 하면 신당동이요, 족발 하면 장충동이듯이 한 가지 별미를 특화해 전 국민적 사랑을 받고 있는 골목도 많다. 부산 민락동 횟집거리, 강릉시 초당순두부촌, 남원시 추어탕거리, 대구 안지랑곱창골목, 광장시장의 빈대떡골목, 전주 남부시장의 순대골목, 울산 중앙전통시장의 꼼장어골목, 부산 국제시장의 분식골목, 동인천 삼치거리 등이 그런 골목이다. 그러나 그 명성을 얻기까지 과정은 결코 만만치 않다. 국민 먹을거리 골목으로 등극하기란 낙타가 바늘구멍을 통과하기만큼이나 어렵다는 얘기이다.

현실은 냉혹하다. 먹는장사가 남는 장사란 말은 이미 옛말이 되어 버렸다. 광주 지역 요식업 상태를 보면, 100명이 창업해도 1명이 성공하기 어려운 상태이다. 한 해에 수만 명이 음식점 문을 열지만, 비슷한 수만큼 다시 폐업하고 있는 실정이다. 경기 불황에 가장 민감하게 반응하는 곳이 바로 외식 시장인 셈이다. 국내에서 가장 많다는 음식점인 고깃집도 이미 포화 상태에 달했다. 사람들의 발길이 잦은 지역으로 가 보면 이 말을 실감할 수 있는데, 골목 시작부터 끝까지 온통 고깃집인 곳도 있다. 이렇게

같은 공간에 많은 고깃집이 난립하다 보니 식당들이 고객을 끌기 위한 경쟁 또한 갈수록 치열해지고 있다.

그런데 그런 현상이 어디 고깃집뿐이겠는가. 빵집, 횟집, 심지어 밥집까지 먹을거리 골목 대부분은 과열 경쟁으로 멍들고 있다. 골목 안 상인끼리 서로 치고받는 건 이제 당연지사가 되었고, 심지어 범죄를 저질러 일간지 사회면을 장식하는 사건도 종종 벌어지고 있다.

◉ 컵에 밥을 담아서 저렴한 가격에 파는 컵밥이 인기입니다. 하지만 주변 식당들은 컵밥 노점상 때문에 손님이 끊겼다며 울상입니다. 영세 상인끼리 애처로운 다툼을 벌이고 있습니다. 2,500원과 3,000원, 이 500원 차이로 고시생은 컵밥으로 몰리고, 생계가 막막해진 식당 주인은 구청에 불법 컵밥 노점을 단속하라며 몇 달째 민원을 넣고 있습니다.(SBS)

◉ 경기도 의정부의 명물 먹을거리인 부대찌개의 원조 식당 이름을 놓고 벌어진 법정 다툼에서 오래된 식당이 승소했다. 의정부지법 민사합의 30부는 최근 '상호 사용 금지 가처분' 신청 판결에서 "오뎅식당이 '오뎅'과 '식당'의 보통명사 결합에 불과하더라도 거래자나 수요자가 특정인의 영업을 표시하는 것으로 인식하게 됐다면 식별력의 취득을 인정할 수 있다"고 판결했다. 이 법정 다툼은 의정부의 부대찌개 골목에 있는 같은 이름의 식당 간에 벌어졌다.(중앙일보)

◉ 서울 서초구 잠원동 일대 '간장게장골목'의 원조 격인 음식점과 후

발 주자 식당이 상호를 놓고 잇달아 소송전을 벌이고 있다. '간장게장골목'은 1980년에 이 일대에서 장사를 시작한 서 모(63) 씨를 필두로 형성됐다. 서 씨의 '프로간장게장'이 언론 보도 등을 통해 국내뿐 아니라 일본에까지 알려지면서 손님을 끌어모으자 주변 음식점들이 유사 상호를 내걸고 영업 경쟁에 뛰어들었다. 서 씨는 유사 상호를 내걸고 영업 중인 업체들을 상대로 민·형사 소송을 진행했다. 서울중앙지법 형사25단독 진원두 판사는 '프로간장게장'의 유사 상호를 사용한 혐의(부정 경쟁 방지 및 영업 비밀 보호에 관한 법률 위반)로 기소된 하 모(54, 여) 씨에게 벌금 150만 원을 선고했다고 10일 밝혔다.(헤럴드경제)

◉ 지난 24일 밤 한 남성이 문 닫힌 식당 앞 수족관에 다가가더니 신문지를 수족관 안으로 밀어 넣습니다. 잠시 뒤 종이 박스를 들고 다시 나타나 이번엔 수족관을 슬쩍 닦고 지나갑니다. 다음 날 이 바지락칼국수 집에선 음식에서 석유 냄새가 난다는 항의가 빗발쳤습니다. 당황한 식당 주인이 경찰에 수사를 의뢰했고, 수족관에서는 실제로 디젤 차량의 연료인 경유가 검출됐습니다. 경찰 조사 결과 CCTV에 찍힌 남성은 바로 옆에서 똑같이 바지락칼국수를 파는 식당 주인 51살 이 모 씨. 같은 메뉴를 3년째 이웃에서 팔다 보니 장사가 안돼 소주 반 잔 분량의 경유를 넣었다고 경찰에서 진술했습니다.(MBC)

◉ 서울 수서경찰서는 31일 쥐를 넣은 식빵을 만들고서 경쟁 업체인 파리바게뜨 밤식빵에서 쥐가 나온 것처럼 거짓 글을 인터넷에 올린 혐의

로 김 모(35) 씨에 대해 구속영장을 신청했다. 경기 평택시에서 CJ그룹 계열의 뚜레쥬르 빵집을 운영하는 김 씨는 글을 올리면서 정 모(48) 씨 명의를 도용한 혐의도 받고 있다.(조선일보)

위 기사 내용처럼 어느 골목에서는 간장게장 집 이름을 두고 음식점 직원끼리 난투극을 벌이고, 어느 골목에서는 원조 식당 이름을 놓고 가족끼리 소송을 내는가 하면, 심지어 한 유명 상표 빵집에서는 골목을 마주 보고 있는 경쟁 업체 밤식빵에 쥐를 넣는 자작극까지 벌여 제빵 업계를 발칵 뒤집어 놓은 경우도 있다. 여기에서 문제의 심각성은 먹고살기 힘든 사람끼리 먹고살기 위해 경쟁하는 상황이 계속 벌어지고 있다는 데 있다.

골목 식당을 벼랑 끝으로 몰고 가는 요인은 비단 경기 불황과 과당 경쟁뿐만이 아니다. 예상하지 못한 숨은 복병인 도심 공동화 문제도 구도심 상업지가 가파르게 쇠퇴하는 데 한몫하고 있다. 도시 외곽에 신시가지가 조성되면서부터 기존 도심에서는 인구가 감소하고 상권이 쇠퇴하고, 그래서 물리적 노후화가 빠르게 진행되고 있는 중이다. 뒤늦게 정부에서는 골목 상권을 보호하기 위한 정책을 만들어 집행하고 있고, 선심성 비용을 들여서 해결책을 강구하고 있지만 쉽지만은 않아 보인다.

그렇게 해서 골목 상권이 보호되고, 골목에서 장사하는 사람들 또한 소득이 올랐다는 예는 찾아보기 어렵다. 정부는 현장을 몰라서 그런 걸일까, 알지만 귀찮으니 정책을 대충 만들어서 그런 것일까,

그것도 아니라면 얄팍한 겉마음으로 생색이나 내고 있는 것일까. 아마 모두 맞는 말일 것이다. 그렇다면 도심 공동화 현상은 어떻게 끝날 것인가. 정부가 하나 마나 한 정책으로 일관하고 있는 상황이라면 정녕 그 답을 찾을 수 없다는 말인가.

작금의 현실이 이러하다 보니 오늘 우리는 '동인천 삼치거리'에 더욱 주목하지 않을 수 없다. 앞에서 보았듯이 이 거리는 저렴한 가격과 맛은 물론이고, 그 위에 넉넉한 정까지 더한 원조 창업자의 정신을 그대로 이어받아 50여 년을 한결같은 마음으로, 푸짐한 인심을 앞세우는 착한 식당이 모여 있는 곳이다.

'뭉치면 살고 흩어지면 죽는다'는 말이 있다. 이 유명한 말을 한 사람은 벤저민 프랭클린으로 그가 1776년 7월 4일 독립선언문에 서명하면서 한 말이다. 여기서 벤저민이 말하려는 의도는 이기적이며

이해타산이 밝은 사람들에게 이타주의와 자기희생을 요구한 것이라 할 수 있겠다. 벤저민 프랭클린은 이 문구를 식민지 주민들이 대영제국을 상대로 한 투쟁에서 승리하기 위해서는 통합해야 한다는 점을 설파하기 위해 만들었지만, 오늘날 이 문구는 사기업 간 경쟁이 체제의 근간을 이루고 있는 자본주의 사회에서도 절대적으로 필요한 문구가 되고 있다. 이겨야만 살아남는 이 무한경쟁시대, 벌거벗긴 채 길거리로 내몰린 골목 상인, 이들이 서로 믿고 의지하며 하나로 뭉치기란 결코 쉬운 일은 아니지만 어쨌든 뭉쳐야 산다는 건 자명한 이치이다. 동인천 삼치거리 또한 이렇게 뭉쳐서 성공했기 때문에 오늘 우리는 그들의 얘기를 하고자 한다.

시작한 지 50여 년이 되어 가는 원조 '인하의집'부터 이제 시작한 지 채 몇 달이 안 되는 막내 '바람난3치'까지 이십여 식당이 모여 있는 삼치거리는 막걸리와 삼치구이의 절묘한 조합뿐만 아니라 상인들끼리 조화와 상생의 협동 체계도 잘 이루어져 있어서 화제가 되는 곳이다. 그렇다면 이십여 개나 되는 삼치집이 좁은 골목길에서 서로 도우며 살아가는 공생의 비법은 무엇일까. 궁금해서 물었다. 이곳 삼치거리와 잘 어울려 보이는 '동인천삼치' 최만규 사장의 말투는 뚝배기처럼 투박하면서도 정감이 묻어났다.

"우리 골목은 크게 세 가지를 하지 않습니다. 첫째는 호객 행위를 하지 않고, 둘째는 바가지요금이 없고, 그리고 셋째는 과열 경쟁을 하지 않습니다. 이 거리의 원조인 홍 사장님이 처음부터 그렇게 틀을 만들어 놓았습니다. 그리고 당신 스스로 평생 그 원칙을 철저히 지켰지요. 원조집 간판에 원조라는 말을 쓰지 않을 정도였다면 어느 정도였는지 짐작하고도 남을 일이지요. 생각할수록 고마운 일이지요. 원조가 처음부터 그렇게 시작했기 때문에 우리 같은 후발 주자도 편안한 마음으로 장사할 수 있었던 거지요. 다들 나만 잘살겠다며 난리도 아닌 세상에 우리 같은 골목은 흔하지 않지요."

그리고 이 거리에는 삼치 식당을 하기 전부터 이 골목에서 자리를 잡고 생업을 이어 가던 가게가 유난히 많다. 표구사를 했던 '길손집삼치', 밀가루 가게를 했던 '도란도란삼치호프', 안경집을 했던 '청정삼치', 분식집을 했던 '전동삼치' 등이 바로 그런 경우이다. 이들 식당은 주변에 있던 그 많은 학교가 90년대 후반부터 다른 지역으로 이전하면서 하나둘씩 삼치 식당으로 전업했는데, 인하의집이라는 대단한 터줏대감이 자리 잡고 있는 상황에서 어떻게 이런 일이 가능했

을까. '동그라미2'를 운영하고 있는 홍성명 사장은 이렇게 설명했다.

"학교를 배경으로 먹고살고 있었는데, 학교가 갑자기 이전하면서 솔직히 좀 당황했지요. 그때 인하의집이 큰 힘이 되었어요. 당시 우리 골목에서는 인하의집이 대박을 치고 있었거든요. 텃세요? 그런 거 전혀 없었어요. 오히려 인하의집 홍 사장님이 앞장서서 길을 터주셨죠. 손을 잡고 끌어주면서 같이 먹고살자 그러셨죠. 그분 믿고 하나둘 삼치 식당으로 전업을 하게 된 거예요. 참 고마운 분이었어요. 일단 삼치 식당을 하겠다는 사람이 있으면 그게 누구든 먼저 찾아가 챙기고 살펴주었지요. 이웃 식당에 손님이 없으면 자신의 집 손님을 직접 모시고 가 소개해 주기까지 한 걸요. 이 집도 우리 집만큼 맛있다고 하면서요. 명절 끝이나 그런 때는 일부러 식당 문을 오래 닫고 그랬어요. 우리가 이틀을 쉬면 인하의집은 5일을 쉬곤 그랬지요. 인하의집에 왔다가 문을 닫았으면 할 수 없이 다른 집으로 가야 되잖아요. 손님을 분산시키기 위한 나름의 계책이었어요. 홍 사장님은 그렇게까지 하면서 골목 전체가 잘살 수 있는 방법을 찾아갔지요."

삼치 한 마리 가격은 6,000원이다. 모든 식당이 균일하다. 그 외에 있는 안주 또한 참 싸다. 주머니에 단돈 몇만 원만 있으면 서너 명이 배 두드리고 갈 정도이다. 그렇다면 밑지고 장사한다는 사람 없다는데, 그게 어떻게 가능한 일일까. 비법은 공동구매에 있다. 이곳은 삼치뿐만 아니라 다른 생선과 막걸리까지 대부분 공동구매를 통해 구입하기 때문에 저렴한 가격대를 유지할 수 있었다. 공동구매는 소비자에게 안정된 가격을, 상인들에게는 시간과 돈을 절약해 준다.

다음은 '신흥삼치' 서종숙 사장의 증언이다.

"삼치거리에서 일을 시작한 지는 이제 1년 조금 지났습니다. 처음에는 무척 막막했지요. 겁 없이 뛰어들었지만 식당 일도 처음인 데다가 이쪽에 살지도 않았기 때문에 주변 상황을 잘 몰랐거든요. 삼치와 막걸리 위주로 장사를 하는 것이니 좀 쉽게 생각했던 건 사실이에요. 그런데 막상 시작하고 보니 신경 쓸 일이 한두 가지가 아니었어요. 품목이 많지는 않지만 어쨌든 식당이니 최소한의 구색은 갖춰야 하거든요. 생선 구입부터 술 구입까지 대충해서는 안 되는 일이잖아요. 먹는장사니까 품질에 신경을 많이 써야 하거든요. 이웃 식당들의 도움과 공동구매라는 좋은 방법이 없었다면 고전을 면치 못했을 거예요. 공동구매, 참 좋은 제도지요. 식당 주인들은 시간과 돈을 절약해서 좋고, 손님들은 저렴한 가격으로 안주를 먹을 수 있어서 좋고요."

그리고 삼치거리 사람들이 치열하게 손님을 잡아끌지 않아도 되는 이유는 집마다 나름의 특색을 갖추고 있기 때문이다. 삼치를 굽는 방법과 구운 삼치를 찍어 먹는 소스, 또 삼치 외에도 자신만의 주특기 요리를 끊임없이 개발하기 때문이다. 그리고 식당마다 실내 분위기도 달라 손님들에게 다양한 선택권을 준다는 특징도 있다. '인천집' 김범년 사장의 설명이다.

"이곳에 와서 본 분들은 알겠지만, 저희 집은 밤 8시가 넘으면 엄청나게 시끄러워집니다. 분위기가 좋은 데다 술도 오르고 하니 자연스럽게 목소리가 커지지요. 각자 자기 테이블에서 떠들기 시작하면 도떼기시장이 따로 없습니다. 그래도 그런 분위기가 좋아서 오시는 분들이 많아요. 물론 시끄러운 걸 싫어하시는 분들도 있지요. 그래서 우리 집은 둘 다를 충족시키기 위해 별도의 방을 마련했습니다. 일명 전직 대통령 방입니다. 방 안에 해당 대통령의 사진도 붙여놓고 해서 나름대로 특색 있는 공간으로 꾸몄지요. 부서별 회식이나 동창회 모임 등 주로 단체 손님이 많이 찾습니다. 원하는 분이 많다 보니 사전 예약제로 하고 있습니다. 이처럼 우리 골목은 각자 자신만의 특색을 갖고 있습니다. 향수나 추억을 자극하는 곳도 있고요, 젊은 층을 겨냥해 좀 더 세련되게 꾸민 곳도 있고요, 조용하고 점잖은 분들을 위해 정갈하고 소박하게 꾸민 곳도 있습니다. 이곳에 오면 골라 먹는 재미 못지않게 각자의 취향대로 식당을 골라서 가는 재미도 있지요. 벌써 인터넷을 통해 입소문이 다 났어요. 손님 각자가 다들 갈 곳을 정하고 오세요. 그러니 따로 손님을 유치하기 위해 경쟁을 벌일 필요가 없지요."

이처럼 이 골목 상인들은 서로 경쟁 관계가 아니라 상생 관계임을 알리는 중요한 대목이 또 있다. 같은 업종이 밀집해 있는 지역은 보통 매월 날짜를 정해 똑같이 쉬기 마련인데, 여기서는 매월 1회 본인이 쉬고 싶은 때 쉰다. 식당 문을 열고 닫는 시간도 제각각이다. 손님이 없을 때에는 손에서 책을 놓지 않기로 유명한 '인정나라삼치' 차주연 사장의 조곤조곤한 설명이 듣는 이의 가슴을 따뜻하게 한다.

"다들 무한 경쟁, 무한 경쟁 그러는데 우린 그런 거 없어요. 서로 필요한 날 알아서 쉬고 그래요. 여기서는 길거리로 나가 손님 잡아끄는 집도 없고, 한 푼이라도 더 벌겠다며 그악스럽게 대드는 사람도 없어요. 그러니 이웃 간에 서로 얼굴 붉힐 일이 없지요. 우리 가게 같은 경우에는 자리가 몇 개 되지 않아서 손님을 많이 받지도 못해요. 그러니까 많이 몰려오면 되레 걱정이지요. 단체 손님 20명 이상이 오면 받지도 못해요. 그건 욕심이니까요. 사람들이 한꺼번에 많이 몰려오면 당장은 수입이 늘어나 좋을지 모르지만 아무래도 한 사람 한 사람에게 소홀하기 마련이지요. 빠른 시간 안에 많은 음식을 해내야 하니 정성도 부족해지고, 그러다 보면 자연스럽게 맛도 덜할 거예요. 그래서 저는 처음부터 큰 욕심을 갖지 않았어요. 보시다시피 테이블도 몇 개 없어요. 이만큼이 제가 할 수 있는 최선의 공간이거든요. 괜찮아요. 단골들만 꾸준히 와 줘도 우리 가게는 충분하거든요. 괜히 한 사람 더 받으려고 욕심부리다가 단골마저 잃어버리면 어떻게 되겠어요. 새삼스러울 거 없어요. 이 거리는 원조부터 그렇게 해 왔으니까요. 원조 홍 사장님이 먼저 그런 마음으로 솔선수범했거든요."

옛날 인천집 간판

    식당 주인이 손님이 많이 들어오면 걱정한다는 걸 도대체 어떻게 해석해야 할까. 단합은 또 어떤가. 골목 상인 간에 얼마나 단합이 잘 되는지 다른 지역 상인회나 번영회가 부러워할 정도이다. 오랜 단골은 삼치거리를 두고 '골목 전체가 하나의 식당 같은 가족 분위기'라고 말한다. '전동삼치' 박연화 사장의 회고담은 끝이 없었다.

    "같은 골목에 있는 상인들끼리 서로 반목하고 시기하는 모습들이 심심찮게 보이잖아요. 우리 골목엔 그런 모습들이 없습니다. 진짜 너나없는 가족 같지요. 우리 삼치 골목은 추억과 정이 많은 골목이랍니다. 집마다 맛과 분위기, 서비스 분야는 모두 다르지만 부지런하고 우애 있고 친목만은 짱이랍니다. 골목길에서 하루 동안 몇 번을 만나더라도 손 흔들어주며 수고해, 수고했어, 하며 위로해줄 줄 아는 사람들이지요. 음식 재료 떨어지면 서로들 빌려주고 그러는 걸요. 이런 틀이 만들어지기까지 원조 홍 사장님의 배려와 헌신이 있었어요. 인하의집 홍 사장님이 초창기에 총무 일을 맡아 보시면서 제일 중요하게 생각한 것은 우리 골목 상인들끼리의 단합이었어요. 돈 버는 것도 중요하지만 무엇보다도 우리끼리 가족처럼 서로 의지하고 도우면서 화목하게 지내야 한다는 것이 그분의 생각이었지요. 그래서 홍 사장님 생전에는 1년에 한 번씩 빠지지 않고 야유회를 갔어요. 관광차 큰 거 빌려서요. 삼치거리 식구들은 한 사람도 빠지지 않고 다 갔어요. 백담사, 지리산, 마니산, 내장산, 안 가본 산이 없었지요. 그리고 또 1년에 한 번씩은 꼭 척사대회를 열어 인근 마을 사람들까지 다 초대해 크게 잔치를 벌이기도 했어요. 말할 수 없이 즐겁고 행복한 시간이었지요."

사촌이 땅을 사면 배부터 아프고 보는 것이 우리네 심보인데, 삼치거리에 대한 이웃의 반응은 사뭇 달랐다. 다음은 삼치거리를 사이에 두고 있는 인근 식당 주인장의 얘기다.

"삼치거리 사람들은 한 달에 한 번씩 정례 모임을 갖더라고요. 다 같이 모여 점심을 먹으면서 이런저런 의논도 나누고 그래요. 어려운 점이 있으면 서로 위로하고 챙겨주는 모습은 옆에서 보기에도 참 좋아요. 전에 홍 사장님 생전에는 1년에 한 번씩 단체로 야유회도 가고 그랬지요. 같은 상인으로서 그런 모습을 보면 부럽지요. 우리도 식당을 하지만 각자 먹고살기 바쁘니 동종 업체끼리 서로 친목을 다

야유회. 왼쪽 두 번째가 홍재남 사장

지는 일 같은 건 못 하거든요."

삼치거리 사람들은 자체적으로 번영회를 조직해 문제점 해결을 위해 서로 고민하고, 그래서 어떻게 해서든지 개선책을 찾아내 놓는다. 한 달에 한 번 갖는 정기 모임을 통해 각 업소 간의 치열한 상권 다툼 대신 모두가 성공할 수 있는 방법을 모색하며, 호객 행위 근절과 불법 주정차 금지 등 자체적인 질서 유지책도 세우고 있다.

"1년에 한 번씩 회장을 돌려가며 하는데 회원들이 회장을 존중해 주고 회장 말도 잘 따라주고 그렇습니다. 작은 일도 꼭 상의해서 결정하지요. 새 가게가 생기면 우리만의 질서를 알려주고 익숙해질 때까지 서로 이해하고 열심히 돕지요. 그러니 이웃끼리 큰소리 낼 이유도 없고요."

그들이 칭찬받는 이유는 또 있다. 삼치거리 사람들은 내부 상인들 간의 교류뿐만 아니라 주변 지역 주민들과의 교류와 소통에도 적극적이다. 매년 자체적으로 '막걸리 데이'라는 행사를 열어 불우이웃돕기에 나서는 등 인천 지역 발전을 위해 지속적으로 노력하고 있다. 농림축산식품부가 햅쌀로 막걸리를 처음 제조하는 시점인 매년 10월 마지막 목요일을 '막걸리의 날'로 지정했듯이 삼치거리 사람들도 이 시책에 적극적으로 호응하며 발 벗고 나선 것이다. 지역 상권을 살리기 위한 주제 선점이 중요했기 때문에 이곳 상인들은 정부 시책에 호응하면서 또 다른 도약을 준비 중이다. '큰손집삼치'를 운영하는 이중기 삼치거리번영회 회장의 말이다.

"평소 지역 주민들에게 삼치거리가 얼마나 많은 사랑을 받아왔습니까. 비가 오나 눈이 오나 그분들이 저희 골목을 찾아주신 덕분에 저희가 먹고살았지요. 항상 고맙게 생각하고 있지요. 그래서 저희도 뭔가 조금이라도 갚을 방법이 없을까, 하고 고민하다가 소성주의 협찬을 받아 막걸리 데이라는 걸 만들었습니다. 매년 하루를 정해 그날만큼은 막걸리 한 병에 천 원씩만 받고 판매하고, 그날 모인 돈은 전부 불우이웃돕기 성금으로 보냅니다. 큰 도움은 아닙니다만 손님들은 싼 가격으로 막걸리를 마셔서 기분 좋고 저희는 번 만큼 기부할 수 있어서 기분 좋고요. 앞으로는 막걸리 데이를 더 활성화시켜 고객들에게 봉사하고 지역 주민들에게는 더 큰 나눔을 줄 수 있도록 하겠습니다."

물론 갈등이 전혀 없는 것은 아니다. 여기도 사람 사는 곳 아니던가. 원조는 이미 전설이 되었고, 삼치거리 1세대 가운데 지금껏 자리를 지키고 있는 식당은 몇 집뿐이다. 식당 간판도 자주 바뀌고 있다. 어느 시점부터인가 특정 집으로만 손님이 몰리는 것도 자꾸 신경이 쓰이는 대목이다. 어느 회원은 협조를 잘 안 하고, 어느 회원은 모임에 자꾸 빠지고, 그렇다면 그런 회원은 회원 명부에서 제명해야 하는 것 아니냐며 조심스럽게 문제를 제기하는 회원도 있다. 이렇게 알게 모르게 균열의 조짐이 조금씩 나타나고 있는 것처럼 이 거리는 모든 게 완벽한 것은 절대로 아니다.

하지만 삼치거리 사람들은 안다. 비판은 애정과 기대가 전제되어 있다는 것을 안다. 세상은 돈을 매개로 돌아가며, 자본주의 사회 대부분의 악덕은 돈 혹은 자본의 탐욕 때문에 생긴다는 것을 안다. 이웃 식당을 경쟁자로 생각할 것이 아니라 동료로 생각해야 하는, 즉

공동체 연대 의식이 있어야 안정적인 경영이 가능하다는 것도 안다. '뭉치면 살고 흩어지면 죽는다.'라는 말을 한 사람이 벤저민 프랭클린인지는 몰라도 그 말이 무엇을 뜻하는지는 알고 있다. 같이 가는 길이 같이 사는 길이고, 같이 가지 않으면 같이 어려워진다는 점을 누구보다 잘 알고 있기 때문에, 오해가 쌓이기 전에, 갈등의 골이 깊어지기 전에, 미운털이 박히기 전에, 문제를 해결하려고 서로 노력하는 것이다. 그런 다음 조금씩 양보하는 미덕을 발휘한다. 그러한 노력이 있었기에 오늘도 삼치거리가 사람들에게 사랑받는 것이고, 삼치거리 사람들이 아름다워 보이는 것이다.

이제 이런 삼치거리 사람들의 지혜는 동인천을 떠나 또 다른 곳에서도 자리를 잡고 있는 추세이다. 자신의 이익만을 추구하다가 갈등의 골이 깊어진 다른 골목 상인, 도심 공동화 피해를 겪고 있는 구도심 상인 등에게 좋은 본보기가 되고 있는 것이다. 그리고 오랫동안 삼치거리 사람들의 자체적인 노력에 주목하고 있던 인천시는 이 일대를 '동인천 삼치거리'라 명명하고, 인천의 특색 음식 거리로 지정해 각종 지원책을 내놓으며 삼치거리를 인천뿐만 아니라 전국적으로 알리는 데 주력하고 있다.

삼치

○―――

　봄 춘(春) 자를 써서 춘어라고도 부르는, 등 푸른 생선의 대명사, 삼치! 전라남도 여수시 연해에서 잡히는 어류 가운데 하나로 거문도, 청산도, 고흥군 나로도, 완도 등지에서 많이 잡힌다. 일반적으로 봄에서 여름에 걸쳐 연안으로 이동해 알을 낳고, 가을과 겨울에 걸쳐 외해로 돌아가 겨울을 난다. 삼치는 멸치, 까나리, 정어리 등 작은 물고기를 잡아먹는데, 한반도로 이동해 오는 삼치는 주로 멸치를 먹고 살기 때문에 삼치 어장과 멸치 어장 분포는 서로 상관관계가 있는 것으로 알려져 있다.

　여수 권역에서는 수온이 16~21℃ 정도인 4~5월경에 경사가 완만하고 수심이 얕은 곳에서 알을 낳는다. 부화한 지 1년 정도 지나면 몸길이 50센티미터, 몸무게 1킬로그램이 될 정도로 성장이 빠르며, 3년 정도 지나면 몸길이 1미터에 몸무게는 5킬로그램에 이른다. 여수에서는 무게가 1킬로그램 이상은 나가야 비로소 삼치 대접을 받는다. 일제강점기 때 일본에서는 거문도 삼치를 최고의 초밥 재료로 사용했다.

하나 마나 한 얘기지만 굳이 하자면, 삼치는 여느 생선과 마찬가지로 아가미를 보고 신선도를 확인한다. 눈은 투명해야 하고 아가미는 붉은색을 띠어야 한다. 등 쪽은 회색을 띤 청색으로 윤기가 나며, 배 쪽은 반질반질하며 은백색을 띤 게 좋다. 그래서 수분이 많고 육질이 연해 어린이는 물론이고 노인이나 환자에게도 많이 추천하는 음식이다. 은백색을 띠고 있는 뱃살은 지방 함량이 많아 최고의 맛을 낸다. 또 삼치는 큰 놈이 으뜸이다. 단백질 덩어리라서 클수록 맛있다. 작은 것은 비린 맛이 돈다. 가장 맛있을 때는 늦가을부터 이듬해 초봄까지이다. 이때가 지방질이 가장 풍부해 고소한 맛을 내기 때문이다. 큰 몸집에 살이 오른 삼치는 어디 하나 버릴 것이 없다. 껍질은 데쳐서 먹고 뼈는 육수를 낸다.

음식으로는 삼치회, 삼치구이, 삼치조림, 삼치매운탕, 삼치동적 등이 있으나 삼치의 별미는 뭐니 뭐니 해도 회이다. 삼치는 성격이 급한 탓에 잡히자마자 바로 죽어 버려서 가을 한철 바다가 가까운 서남 해안 일대에서만 삼치회를 맛볼 수 있다. 그래서 아쉬움이 남는다. 어쨌든 먹어본 사람은 하나같이 '입에서 살살 녹는다'고 표현할 만큼 아주 특별한 맛을 지니고 있다. 삼치회를 먹기 위해 배를 타는 사람도 있을 정도라고 하니 더 이상 무슨 말이 필요하겠는가. 제철에 어부들은 삼치의 신선도를 잃지 않으려고 하루에도 몇 번씩 항구에 들어와 삼치를 팔고, 또 바다로 나가기를 반복한다. 해남에서는 따뜻한 쌀밥과 부드러운 삼치회, 아삭한 묵은지를 더해 삼치삼합이라 부른다. 눈치챘겠지만 여기까지는 인터넷을 열면 누구라도 쉽게 얻을 수 있는 일반적인 정보이다. 진짜 정보는 지금부터이다.

삼치거리의 삼치구이 맛은 특별한 양념이 없는데도 간이 적당하게 배어 있어 밥반찬은 물론이고 안줏감으로도 안성맞춤이다. 특히 아이들 밥반찬으로는 더할 나위

없이 좋은 생선이다. 두뇌 영양소라 불리는 디에이치에이(DHA)라는 오메가3 지방산이 많이 들어 있기도 하지만, 뱃살은 가시가 없고 부드러워 먹기에도 편하기 때문이다. 몇 년째 가족 단골인 한 가정주부는 이렇게 예찬했다.

"이곳 삼치거리는 어른보다 아이들이 더 좋아한다. 가격도 부담 없고 가족끼리 오는 집들도 많아 분위기도 괜찮다."

따라서 주말에는 어린아이의 손을 잡고 오는 가족 단위 손님이 유난히 많이 눈에 띈다. 가족끼리 삼치를 즐기는 모습은 보는 사람도 즐겁다.

먹는 방법이야 머리부터 먹든 꼬리부터 먹든 젓가락으로 떼어 먹든 손가락으로 뜯어 먹든 먹는 사람 마음이겠으나 삼치집 주인장이 이구동성으로 추천하는 방법은 다음과 같다.

"삼치를 한 점 떼어낸 뒤 양파와 고추가 버무려진 소스에 찍어 먹으면 되는데, 겉은 노릇노릇하고 속은 보들보들하게 구워진 삼치 위에 양파와 고추를 한 점씩 얹어 먹으면 제대로 된 맛을 즐길 수 있다."

닭 가슴살처럼 퍽퍽하고 담백한 삼치는 기름에 살짝 튀겨야 제맛이 난다. 삼치구이는 어떻게 굽고 튀기느냐, 그리고 찍어 먹는 소스의 배합에 따라 맛이 약간씩 다르게 느껴진다. 어느 집은 오븐에, 어느 집은 기름에, 어느 집은 좀 더 바삭하게, 어느 집은 좀 더 촉촉하게 등 어떤 맛으로 탄생하느냐는 전적으로 굽는 이의 비결에 달려 있다. 물론 며느리도 몰라야 할 만큼 대단한 비법은 아니다.

현재 삼치거리에 있는 삼치는 크게 두 종류이다. 한 종류는 몽둥이 삼치로 불리는 뉴질랜드산 삼치이고, 또 한 종류는 부산 앞바다에서 건져 올린 순수 국내산 삼치이다. 기름기 없는 뉴질랜드산이 비린내가 거의 없는 반면 좀 퍽퍽한 편이고, 국내산은 약간 비릿한 맛을 가지고 있으나 튀겼을 때 한층 더 부드럽고 고소하다. 상에 오르는 삼치 크기는 뉴질랜드산이 좀 더 크고 살도 도톰한 반면, 국내산은 크기가 좀 작고 살도 뉴질랜드산과 비교하면 덜 실팍하다. 처음에는 모든 식당이 뉴질랜드산 삼치를 썼으나 최근 들어 인하의집과 인천집 등 몇몇 식당은 나름의 이유를 들어 국내산을 쓴다. 이 때문에 저간의 사정을 잘 모르는 몇몇 단골은 오랜만에 들렀다가 삼치의 크기와 맛이 변했다며 크게 실망하기도 한다.

그런데 여기서 꼭 한 가지 짚고 넘어갈 부분이 있다. 뉴질랜드산 삼치에 관한 이야기다. 아는 사람은 알고 모르는 사람은 모르겠지만, 현재 삼치거리의 뉴질랜드산 삼치는 우리가 익히 알고 있는 그 삼치가 아니다. 정확히 말하자면 그것은 삼치가 아니라 '바라쿠다(Barracuda)'라는 어종으로 농어목 꼬치고깃과에 속하는 생선이다. 농어목에서도 고등어아목에 속한 물고기인데, 고등어아목에는 고등어, 갈치, 황새치 등이 속해 있다. 이름은 낯설지만 그다지 낯설

바라쿠다

게 느껴지지 않은 것은 우리가 늘 보아 왔던 생선과 비슷한 생김새를 가졌기 때문이다.

뉴질랜드산 바라쿠다가 동인천 삼치 식당 식탁에 올라오기 시작한 건 1960년대 후반이다. 지금은 한국에서도 많이 알려져 있지만 1970년대까지만 해도 부둣가에서는 누구도 알아주지 않는, 생선 축에도 못 끼는 그런 생선이었다. 머리 떼고 꼬리 떼고 몸뚱이만 남았다고 하여 어시장에서는 일명 몽둥이 삼치라고 불렀다. 배로 이동하는 과정에서 값어치가 없는 생선이 무게만 많이 나간다 하여 아예 머리와 꼬리를 잘라 내고 들여왔기 때문이다.

게다가 엄청나게 크고 통통하고 튼실한 생선이었음에도 불구하고 비싼 물고기에 딸려온 부산물인지라 거의 헐값에 팔려 나갔다. 말만 잘하면 거저 주기도 했다는데, 그걸 발견해 술안주로 내놓은 사람이 바로 1대 인하의집 홍재남 사장이다. 가난한 형편이라 변변한 안주가 없던 시절, 안주 먹을 돈이 있다면 차라리 막걸리를 한 잔 더 하겠다는 시절이었다. 이런 손님의 술추렴이 늘 안쓰러웠던 그는 저 생선 한 마리면 여럿이 실컷 먹겠다 싶어서 주저하지 않고 막걸리 안주로 선택했던 것이다.

이렇게 해서 바라쿠다가 등장하자 단숨에 술꾼들은 눈과 마음을 빼앗기고 만다. 대가리와 꼬리를 떼고, 그걸 또 토막 쳐 세 등분으로 잘라도 한 토막이 큰 접시에 가득 찰 만큼 큰 생선이었다. 그 당시는 질보다 양이 먼저인 시대였다. '양은 많은데 싸다'는 것 하나만으로도 그냥 반은 먹고 들어갔다. 사람들은 처음 보는 큰 생선에 대한 호

기심이 발동했고, 그래서 인하의집으로 몰려들기 시작한 것이다. 손님들은 궁금해 생선 이름을 물었으나 누구도 아는 이가 없자 홍 사장은 그냥 편하게 삼치라고 부르자고 제안했다. 생김새가 한국 삼치와 비슷하게 생겼다는 이유 때문이다. 이것이 동인천에서 뉴질랜드산 바라쿠다가 졸지에 삼치로 불리게 된 내력이다.

그런데 이 생선은 닭 가슴살처럼 살이 팍팍했다. 기름기가 적어서 다른 생선처럼 연탄불에 올려놓고 구우면 살이 퍽퍽해져 맛이 떨어졌다. 그래서 홍 사장은 궁리하기 시작했다.

'어떻게 하면 퍽퍽한 맛을 없애고 고소한 맛을 살려낼까?'

조리법을 연구한 끝에 개발해낸 방법은 기름에 튀기는 거였다. 그런데 이게 요즘 말로 대박이 났던 것이다. 소금만 살살 뿌렸을 뿐인데도 맛이 고소하면서도 삼삼해 사람들의 입맛을 단박에 사로잡았고, 두툼한 살을 한 점 한 점 뜯어가며 막걸리를 마시다 보면 따로 식사를 하지 않아도 될 만큼 배가 불렀다. 그러다 보니 점점 인기가 많아져 다른 생선도 있었으나 손님들은 싼값에 배불리 먹을 수 있는 삼치만 계속 찾았다. 그때부터 삼치와 막걸리는 인하의집의 대명사가 되었고, 현재까지 삼치거리 대부분이 삼치를 튀기는 까닭은 인하의집 홍 사장에게 삼치 튀기는 방법을 전수받았기 때문이다.

이름이야 어찌 되었든 오십 년 전에 이 땅에 들어온 뉴질랜드산 바라쿠다가 오랜 세월 동안 삼치거리 전체를 먹여 살리고 있는 것은 부정할 수 없는 사실이다. 그래서 이왕 말이 나왔으니 이참에 도대체 바라쿠다가 어떤 물고기인지에 대해 간략하게나마 소개하고자 한다. 한 가지 양해를 구할 점은, 바라쿠다라는 물고기가 많이 알려지지 않은 관계로 어쩔 수 없이 우리나라와 다른 나라 인터넷에 올라와 있는 자료를 살짝 참고했음을 미리 밝힌다.

바라쿠다 학명은 스피라에나(Sphyraena)로, 망치를 뜻하는 그리스어에서 온 것이다. 바라쿠다 머리가 지질학자가 사용하는 뾰족한 쇠망치와 유사하다고 해서 유래된 학명이고, 크기는 30센티미터에서 180센티미터까지 다양하다. 꼬치고깃과 어류는 대체로 몸이 길고, 입은 크고 길쭉하며, 이빨은 뾰족하고, 등지느러미는 떨어져 있으며,

꼬리지느러미는 두 갈래로 갈라져 있다. 몸은 전체적으로 흐린 은회색을 띠고 있어서 수심이 얕은 밝은 모래 지대와 잘 어울리며, 몸에 나 있는 얼룩이나 불규칙한 줄무늬 때문에 해초 숲같이 어두운 곳에 있을 때는 거의 발견하기 어렵다.

그리고 바라쿠다는 다이버가 가장 만나고 싶어 하는 물고기 가운데 하나이다.

"수천 마리씩 무리 지어 군무를 펼치는 바라쿠다 떼를 보면 그 매력에 흠뻑 빠져 헤어 나올 수가 없다."

"소용돌이치며 돌아가는 바라쿠다 무리 중심으로 들어가 1미터는 족히 될 것 같은 길쭉한 대물이 일사불란하게 움직이는 모습을 보고 있으면 황홀감까지 느껴진다."

그레이트 바라쿠다는 최대 길이 2미터에 무게는 50킬로그램까지 나가고, 날카로운 이빨만큼이나 포악한 성격을 가지고 있어서 동족까지 잡아먹는다. 그러나 다이버가 수중에서 이들을 만났을 때 성질만 건드리지 않는다면 사람을 공격하지 않는다.

지난해 서울방송(SBS) 프로그램 〈정글의 법칙 in 캐리비언〉에서는 병만족이 직접 잡은 바라쿠다를 손질해 구이로 만들어 먹는 장면이 방영되기도 했다. 김병만은 먹으며 이렇게 표현했다.

"소고기 맛이다. 좀처럼 살이 흐트러지지 않는다."

동행한 여배우는 이렇게 표현했다.

"닭 가슴살인 줄 알았다."

또 다른 일행은 이렇게 표현했다.

"간고등어, 삼치를 먹는 것 같다."

바라쿠다에 관한 정보를 좀 더 알고 싶다면 낚시 사이트나 스쿠버 다이버 사이트에 들어가 살펴보면 되고, 삼치란 놈에 대해 색다른 정보를 알고 싶다면 여수에서 태어나 어린 시절을 거문도에서 보낸 소설가 한창훈이 쓴 『바다도 가끔은 섬의 그림자를 들여다본다』를 읽어 보거나 겨울에 거문도나 청산도로 직접 찾아가면 된다. 찬 바람이 불기 시작하면 거문도와 청산도 사나이들은 삼치를 잡느라 바쁘고, 여인네들은 옥상에서 삼치 널기에 바쁘다. 대한민국 삼치에 관한 한 그들이 진정한 박사이다.

막걸리

　세계적인 행사, 특히 정상회담이 끝나면 등장하는 만찬, 이 자리에서 그 나라를 대표하는 술로 건배하는 모습은 늘 언론에 보도되어 세간의 관심을 끌고 있다. 이렇게 만찬주에 대한 관심은 외교적 성과물에 못지않게 지대하다. 세계 정상이 건배하고 마신다면 뜬다는 속설 때문만은 아니다. 중국 하면 만리장성이고, 프랑스 하면 에펠탑을 떠올리듯이 술 또한 그 나라의 문화를 대표하는 상징물이기 때문이다. 술이 한 나라를 대표할 수 있는 이유는 그 나라의 문화적 가치를 잘 담고 있기 때문이다. 따라서 관광객이 어떤 나라를 방문했을 때 반드시 그 나라의 대표 음식을 시식함과 더불어 대표 술도 함께 시음해 보는 것은 빼놓을 수 없는 의례이다.

　일반적으로 술은 '그 나라의 전통성과 역사성을 지니고 있어서 민족 고유의 식생활과 그 지역 자연환경의 영향을 받는다.'라고 하였다. 그렇기 때문에 서양에서는 과실이나 맥아를 사용하여 술을 빚었고 동양에서는 주로 쌀을 사용하여 술을 빚었다. 우리나라는 예로부터 벼농사를 주로 했기 때문에 쌀을 원료로 하는 술이 발달했다

는 점 또한 그런 맥락일 것이다. 잘 아시다시피 프랑스의 와인, 독일의 맥주, 러시아의 보드카, 일본의 사케 등은 각 나라를 대표하는 술이다. 그렇다면 우리나라를 대표하는 술은 무엇일까? 한국 사람이지만 대답하기 쉽지 않은 질문이다. 1907년 일제의 주세령 공포 이전까지만 해도 전국에는 360가지가 넘는 술이 있었고, 전통주를 세밀하게 분석하면 그 종류는 1천여 종이 넘었다. 그러나 전통성과 역사성, 거기에다가 민족혼까지 담아냈다고 말할 수 있는 술을 얘기하라면 주저하지 않고 막걸리를 꼽아도 되지 않을까 싶다. '탁주 반 되는 밥 한 그릇'이라 하여 막걸리 두어 잔으로 끼니를 때우던 농경사회부터 도시 노동자의 허기를 채워주고 시름을 달래주던 산업사회까지 우리 민족과 함께 울고 웃었던, 떼려고 해도 뗄 수 없는 술은 단연 막걸리가 아니겠는가.

"출출한데 막걸리나 한잔 할까?"

"날도 더운데 와서 막걸리로 목이나 좀 축이지."

"날씨도 꿀꿀한데 막걸리나 한잔 하자고."

이런 말처럼 막걸리는 이미 우리의 일상생활 속에 깊이 배어 있는 술이다. 막걸리라는 이름은 '막 거른' 술이라는 데서 비롯된 것으로, '막'은 마구, 함부로, 조잡하다는 뜻이고, '걸리'는 거르다, 여과한다는 뜻이다. 그래서 막걸리는 조잡하게 거른 술을 뜻하는 순우리말이다. 문헌에는 막걸리에 대해 이렇게 적혀 있다.

'배를 든든하게 해주고, 몸을 훈훈하게 덥혀 주고, 취기가 심하지 않으며, 기운도 북돋워 주고, 속에 묻어뒀던 말을 술술 나오게 해 맺혔던 응어리가 저절로 풀리게 한다.'

막걸리는 이름도 다양하여 불리는 이름만 해도 십여 가지가 넘는다. 색이 탁하다 하여 탁주, 농사철 농부가 주로 애용해 왔으므로 농주(農酒), 이 외에도 지방에 따라 대포를 비롯해 논산에서는 젓내기술, 제주에서는 탁배기, 부산에서는 탁주배기 등으로 불렸다. 말이 나온 김에 막걸리에 대해 조금만 더 알아보자.

막걸리는 언제부터 만들었을까. 학자들은 막걸리의 정확한 유래를 문헌에서 찾아내기는 불가능하나 삼국시대 이전에 벼농사가 자리 잡았을 때 만들기 시작했다고 추정한다. 또 서민 위주의 술로 전통이 확립된 것은 이화주(梨花酒)가 등장하는 고려 시대라고 본다. 1450년경에 어의 전순의(全循義)가 편찬한 『산가요록(山家要錄)』을 필두로 해서 장계향(張桂香)이 다양한 요리법을 기록한 『음식디미방(飮食知味方)』,

술 빚는 법을 수록한 『주방문(酒方文)』, 홍만선(洪萬選)이 농사에 관해서 기술한 『산림경제(山林經濟)』, 음식 조리법 등 식품과 관련된 내용을 기록한 『요록(要錄)』, 서유구(徐有榘)가 농사에 대해 총정리한 『임원경제지(林園經濟志)』같은 서적에 이화주라는 막걸리가 기록되어 있기 때문이다. 고려 시대부터 알려진 대표적인 막걸리 이화주를 한자 그대로 풀면 배꽃술이다. 배꽃을 넣어 만들거나 배꽃이 필 무렵에 만들어서 그렇게 불렀다.

그렇다면 막걸리는 어떤 과정을 거쳐 만들어지는 것일까. 막걸리를 알려면 먼저 동동주, 청주, 탁주를 알아야 한다. 한 항아리에서 나왔으나 전혀 다른 맛과 성질을 가지고 있기 때문에 이들의 차이에 대해 먼저 알아야 막걸리를 제대로 이해할 수 있다. 그럼 먼저 제조 방법에 대해 살펴보자. 재료와 초기 제조 과정은 동일하다. 전통주인

동동주와 청주(약주), 그리고 탁주와 막걸리는 곡류, 누룩, 물을 원료로 해서 발효시킨 술덧을 어떻게 여과하느냐에 따라 서로 구분된다. 간단하게 말하면 이렇다. 술을 발효시킬 때 맨 위에 고인 맑은 술을 밥풀과 함께 떠내면 동동주, 발효가 끝난 상태에서 용수를 넣고 용수 안의 맑은 술만 떠내면 청주, 떠낸 청주를 끓이면 소주, 건져내고 남은 술이랑 밑에 가라앉아 있는 술지게미를 한데 섞어 채로 걸러내면 탁주, 그 탁주에 물을 섞으면 막걸리가 된다.

이해를 돕기 위해 좀 더 구체적으로 살펴보자. 먼저 찹쌀이나 멥쌀을 불려 찐 다음 수분을 건조시키고, 그 찐 밥, 즉 지에밥에다가 누룩과 물을 섞어 일정한 온도에서 발효시킨다. 발효가 되면 녹말이 녹으면서 당분은 알코올로 변하게 되고, 이때 발생하는 탄산가스는 날아가기 때문에 곡물 찌꺼기는 밑으로 가라앉고, 이미 당분이 다 빠져나가 가벼운 밥알은 항아리 윗부분으로 떠오른다. 이렇게 발효된 술에서 맑은 윗부분과 식혜처럼 동동 떠 있는 밥알을 함께 퍼낸 게 바로 동동주이다. 동동주는 말 그대로 밥알이 동동 떠 있다고 해서 부르는 이름이다. 이러한 동동주의 형태를 갖춘 대표적인 술로는 부의주, 백화주, 매화주 등이 있다. 동동주의 알코올 도수는 15~16도이다.

다음은 청주이다. 발효가 거의 끝날 즈음이면 술독 윗부분에 맑은 술이 떠오르는데, 이때 술독 윗부분에 촘촘한 싸리나 대오리를 엮어 만든 용수를 박아 그 틈으로 걸러낸 맑은 술을 청주라 한다. 청주는 맑은 술이라는 뜻으로 백하주, 향은주, 하향주, 소국주, 부의주, 청명주, 감향주, 절주, 방문주, 석탄주, 법주 등이 있다. 그리고 청주 양조법에는 단양법과 중양법이 있다. 단양법은 누룩과 고두밥과 물을 한꺼번에 넣고 발효시켜 손쉽게 술을 만드는 방법이며, 중양법은 만들어진 밑술에다가 원료를 넣고 오랫동안, 여러 차례에 걸쳐 발효하는 방법이다. 청주의 도수는 지방마다 다른 데 대략 13도 내외이다. 이 청주를 증류하면 소주가 된다.

여기서 잠시 짚고 넘어갈 사항이 하나 있다. 바로 청주와 정종과의 관계이다. 많은 분이 아직도 정종을 우리나라 전통주인 청주로 알고 있는데, 이 술은 정확히 말하자면 쌀과 누룩으로 자연 발효시킨 우리 청주가 아니라 주정(소주 원액)을 희석해 만든 일본식 청주이다. 일제강점기 때 강압적 조치인 '자가 양조 금지법'으로 말미암아 일본식 청주를 제외한 모든 우리 술에 쌀 사용이 금지되는 바람에 우리 청주는 그 맥이 끊겼고, 그 대신에 일본 청주 상표인 '마사무네 (正宗)'가 그 자리를 차지하고 말았다. 해방 이후에도 한동안 우리 청주가 부활하지 못한 이유는 '양곡 보호령'이라는 명목하에 오랫동안 쌀 발효주를 못 만들도록 했기 때문이다. 물론 지금은 우리 전통 방식으로 만든 청주가 시판되고 있다.

이번에는 약주 이야기이다. 단도직입적으로 말하자면 약주는 곧 청주이다. 즉 청주를 약주라고도 부른다는 말이다. 약주란 말은 본디 중국에서 약으로 쓰는 술이라는 뜻으로 썼으나 우리나라 약주는 약용주라는 뜻이 아니다. 그렇다면 왜 '청주 한잔 하시죠.'라고 하지 않고 '약주 한잔 하시죠.'라고 했을까. 궁금하다면 이 약주의 어원에 대해서도 알아보자. 이 말의 유래를 찾아보면 그 이유가 두 가지나 된다.

조선 시대에는 질병을 치유하는 데 사용하는 약용주만 제외하고는 자주 금주령이 내려졌는데, 술 마시고 싶은 일부 양반네들은 규제를 피하기 위해 청주를 환자 치료하는 약술로 쓴다며 빚어 마셨다. 그래서 약주라 지칭했다는 설이 하나 있다. 또 하나는 서성(徐渻)과 관련된 이야기다. 조선 중엽에 서거정의 현손 서성이라는 이가 있었는데, 그의 어머니는 가난한 살림에 보태고자 청주를 빚어 팔았다. 그런데 이름이 약산춘(藥山春)이라 불리는 이 술은 장안에서 화제가 될 만큼 맛이 좋았다. 훗날 서성이 출세하자 그의 호가 약봉이고, 그가 살던 곳이 약현이고, 그의 어머니가 빚은 술이 약산춘이므로 사람들은 이 술에 약주라는 이름을 붙였고, 이것이 널리 퍼져 약주라는 말이 청주를 대표하게 되었다는 설이다.

다음으로는 탁주이다. 탁주는 청주를 떠내고 남은 것을 자루나 체에다 뭉갠 후 큰 술지게미는 걸러낸 다음 받은 술을 뜻하기도 하고, 청주를 떠내지 않은 채 걸러서 짠 술 모두를 가리킨다. 항아리 위쪽에 형성된 맑은 동동주에 반해 밑에는 술지게미가 내려앉아 있고, 그걸 다 함께 섞은 다음 거르면 술 색깔이 탁해지는데, 이게 바로 탁주이다. 말 그대로 탁한 술이라는 뜻으로 알코올 도수는 10~15도 사이이다.

막걸리는 탁주에 물을 섞은 것을 말하기도 하고 탁주를 걸러내고 남은 술지게미에 다시 물을 붓고 한 번 더 걸러낸 술을 말한다. 그래서 촘촘한 용수를 박고 떠내는 청주와는 달리 구멍이 엉성한 체에다가 막, 그러니까 정성을 들이지 않고 함부로 걸러낸 술이란 뜻이다. 당연히 탁주와 비교하면 술 농도는 옅고 도수도 낮다. 그리고 막걸리 색깔은 발효를 위해 넣은 누룩이 어떤 것이냐에 따라 다르게 나타난다.

막걸리라는 명칭이 생긴 것은 일제강점기 때부터이다. 일제의 수탈로 인해 쌀이 부족해지자 탁주에 물을 섞는 일도 점점 많아졌다. 그때부터 물을 섞지 않은 탁주와 물을 섞은 탁주를 구분하기 위해 물을 섞은 탁주를 막걸리라고 부르기 시작했다. 알코올 도수는 6~8도를 넘지 않는다.

여기서 많은 사람이 헷갈려 하는 탁주와 막걸리에 대해 부연 설명을 하고자 한다. 탁주는 우리 전통술 중에서 곡물로 발효한 탁한

술을 통칭하는 말로서, 지역에 따라서는 그냥 막걸리와 동일하게 쓰였을 만큼 두 술은 큰 차이가 없다. 여행 작가이자 술 평론가이고, 또 막걸리에 관련된 저술만 7권을 펴낸 막걸리학교 허시명 교장은 다음과 같이 정의하고 있다.

"막걸리라는 표현이 술 빚기의 마지막 단계인 여과의 특징을 형상화한 말이라면 탁주는 술의 맑고 흐린 정도를 보고 판단한 용어이다."

그러니까 엄밀히 말하자면, 술 농도와 알코올 도수 차이는 있을지언정 탁주와 막걸리를 굳이 분류해서 부를 필요는 없고, 그냥 편하게 막걸리로 불러도 크게 문제가 될 것은 없다는 얘기가 되겠다.

막걸리는 값이 싸 서민들이 부담 없이 마실 수 있는 대중적인 술이다. 또 곡류를 원료로 하기 때문에 식이섬유와 단백질, 미네랄 등 영양분이 풍부해 건강에도 좋다. 알코올 도수 역시 낮아 술로 인한 부작용이 적으며, 탄산가스를 함유하고 있어서 청량감도 느낄 수 있다. 이 때문에 힘든 노동이 끝나면 쌓인 피로를 달래주는 데도 더할 나위 없이 좋은 술이다. 그래서 예전부터 동동주와 청주는 주로 양반들이 마셨고 막걸리는 서민들이 마셨다. 같은 옹기에서 만들었지만 종류도 달랐고 찾는 이도 달랐던 것이다.

요즘은 막걸리가 국민주(酒)라는 이름을 달고 하늘 높은 줄 모르고 날고 있다.

"대세는 막걸리야."

이런 말이 나올 정도로 막걸리 열풍이 불고 있다. 특이한 현상은 젊은 층을 중심으로 선호도가 크게 높아지고 있다는 점이다. 우리 5

천 년 민족사와 함께해 온 전통주임에도 불구하고 텁텁한 맛과 시큼한 냄새로 말미암아 젊은 층과 여성들로부터 외면받던 막걸리가 맛과 향과 색깔, 미용과 건강, 거기에다가 친환경 술이라는 옷을 입고 젊은 여성에게는 물론이요, 바다 건너 일본에서까지 바람몰이를 하고 있다.

그러니 때는 바야흐로 막걸리 전성시대인 것이다. 전문가들은 이러한 열풍의 원인을 다음과 같이 분석했다.

"과거 높은 도수의 술을 선호하던 경향이 낮은 도수로 선호도가 바뀌어 가는 현상도 있지만, 막걸리는 건강주란 이미지가 확산되고 있기 때문이다."

그러나 우리나라를 대표하는 술 막걸리가 오늘날 국민주가 되기까지 얼마나 많은 시련과 고통을 겪었는지 그 지난한 세월에 대해 아는 사람은 그리 많지 않다. 유럽의 와인이나 일본의 사케 등은 정부 차원에서 연구하고 지원해서 세계 명품주로 자리 잡은 데 반해 우리나라 전통주 막걸리는 도움은커녕 한때 국가로부터 천대받고 핍박받던 시절이 있었다는 사실을 아는 사람은 더더욱 많지 않을 것이다. 독자의 이해를 돕기 위해 여기서 잠시 우리 민족사와 함께 울고 웃었던 막걸리의 역사에 대해 간략하게나마 설명하고자 한다.

현진건(1900~1943년)의 소설 『술 권하는 사회』를 보면 마지막에 주인공의 아내가 탄식하는 장면이 나온다.

'그 몹쓸 사회가 왜 술을 권하는고!'

그의 아내가 오죽 속상하고 답답했으면 이런 말을 했겠는가마는 안타깝게도 우리나라의 술 권하는 문화는 어제오늘에 만들어진 문화가 아니다. 예로부터 유난히 음주 가무를 좋아했던 우리 민족은 술을 음식의 한 종류라 생각했으며, 음식 중에서도 술을 가장 귀한 음식으로 여겼다.

'막걸리는 술이 아니고 밥이나 마찬가지'

이렇게 말한 천상병 시인처럼 술은 음식이기 때문에 맛있는 술을 곧 좋은 술이라 하였고, 술은 지나치지도 모자라지도 않게 먹는 것이라고 하였다. 집안 대소사를 치를 때 가장 먼저 준비하는 것은 바로 술이었으며, 손님이 방문하면 제일 먼저 내놓는 것 또한 술상이었다. 중국이나 일본에서 손님을 대접할 때 차를 내놓듯이 우리는 술로 손님을 대접했던 것이다. 따라서 손님 접대에 술을 권하는 것은 인정이요, 예절이었으며, 술을 준비하지 못하면 곧 인정머리 없거나 예의 없는 인간이 되었다. 그런고로 형편이 웬만한 집이라면 상비 음식의 하나로 가양주(家釀酒)를 꼭 준비하고 있었다. 가양주란 말 그대로 집에서 담근 술을 가리킨다. 이와 같은 예법은 우리나라 사람이 그만큼 술을 즐겨 마셨다는 뜻이고, 집안에서 대대로 전해 오는 비법으로 빚은 술을 손님에게 대접하는 것을 자랑으로 여겼다는 방증이다. 허영만 화백의 『식객』을 보면 당시 상황이 잘 묘사되어 있다. 『식객』 제5권 부제는 '술의 나라'이고, 다음과 같은 문장으로 시작된다.

'조선 시대에는 집집마다 고유의 술이 있었다. 발효 음식에 뛰어난 솜씨를 자랑하는 한민족이다 보니 술 빚는 것은 어려운 일이 아니었을 터다. 누룩과 곡류 그리고 좋은 물로 빚은 술이니 그 맛은 가히 천하명주! 집집마다 독특한 맛을 자랑하는 가양주가 있었고 그 종류도 이루 헤아릴 수 없었다. 한마디로 우리나라는 명주를 집집마다 빚었던 술의 나라였던 셈이다.'

그랬다. 조선 시대는 술의 나라였다. 그 당시만 해도 일곱 집 가운데 한 집은 술을 담가 마셨다고 전하는데, 유교 문화가 정착되어 있어서 그런지 술맛이 그 집안의 품격을 대변하는 하나의 사회적 잣대로까지 여기기도 했다. 따라서 사대부 집안 여인들은 술 빚는 일이 대사 중 하나였기 때문에 술 빚는 일에 온 정성을 다해야 했다. 이러한 노력의 결과로 '명가명주(名家銘酒)'라는 말이 생겨났는데 아름다운 술 문화였으며 오래된 전통이었다.

이 아름답고 오래된 전통이 무너진 건 일제강점기 치하였다. 식민지 지배 경비를 식민지 내에서 조달하기 위해 세원 확보 방안을 모색하던 조선총독부는 각 마을마다 하나씩 있던 양조장에 주목했고, 급기야 1907년 7월에는 '주세령(酒稅令)'을 공포하고 9월에는 강제로 집행하기 시작한다. 술 생산에 대해 세금을 징수하기 위한 조치였는데, 주세라는 이름으로 또 하나의 착취가 시작된 것이다. 착취를 얼마나 엄밀하게 했는가를 살펴보면, 판매를 목적으로 하는 일반 양조장은 물론이고 개개인이 집에서 빚는 술까지도 일일이 감시하고 통제해 세금을 물렸다.

그 결과 집집마다 전해 오던 가양주의 전통은 거의 끊겼고, 다양한 담금 방법으로 가문을 빛내던 지방 명주들도 대부분 사라졌으며, 전통적인 방법을 고수하며 저마다의 풍미를 자랑하던 조선 양조장 또한 문을 닫거나 일본식으로 개조해야 했다. 이로써 박목월이 노래한, '술 익는 마을마다 타는 저녁놀'이라는 말처럼 전국 방방곡곡 어디를 가더라도 마을마다 풍기던 술내를 더는 맡을 수 없게 되었다. 그러나 더 큰 문제는 광복 이후 우리 정부의 주세 정책이었다. 과거를 청산하지 못하고 일본 잔재를 그대로 이어받은 것이 어디 주세 정책뿐이었겠는가마는, 어쨌든 해방이 되었어도 우리 정부는 조선총독부 치하의 주세 행정을 그대로 이어받았기 때문에 전통주의 단절은 더욱 가속화되고 말았다.

이렇게 일제강점기부터 수난을 당하기 시작한 우리 전통주가 거의 숨이 끊어지게 된 건 박정희 정권 치하에서였다. 말살된 원인은 크게 두 가지이다. 첫째로는 '양곡 관리법' 시행이다. 한국전쟁을 거치면서 식량이 부족했던 대한민국은 1965년부터 쌀로 술을 빚는 것을 전면적으로 금지했다. 박정희 정권은 식량문제를 해결하기 위해 한편으로는 벼 품종 개량을 시도하고 다른 한편에서는 혼식 장려와 같이 쌀 소비 억제책을 시행한 것이다. 그래서 소주뿐만 아니라 막걸리와 약주를 포함해 모든 술은 쌀로 빚을 수 없었고, 이 때문에 막걸리 양조장에서는 어쩔 수 없이 수입 밀가루 80퍼센트와 옥수수 20퍼센트를 섞어 술을 빚었는데, 이 과정에서 막걸리 품질은 급속하게 떨어지고 만다. 설상가상으로 영세한 업체들도 마구잡이로 생겨났고, 이들 또한 시장에서 살아남기 위해 불법과 탈법을 저지르는 사태가 발생하고 말았으니, 막걸리가 그 명맥이나마 유지하고 있는 걸 그나마 다행이라고 해야 할까. 막걸리는 유통기간이 길어지면 맛이 변하고 부패하는 단점이 있다. 그래서 이들은 탁주에 물을 타서 생산량을 늘리거나 공업용 카바이드를 이용해 막걸리 유통기간을 인위적으로 늘렸다. 이 일로 인해 막걸리를 마시면 술이 깨지 않는다는 둥 머리가 아프다는 둥 불만이 터져 나왔고, 막걸리는 한순간에 그 고유의 맛을 잃고 싸고 볼품없는 술로 전락하고 말았다.

둘째로는 '공급지역 제한제도'이다. 이 제도는 양조장에서 생산된 막걸리를 해당 관할에서만 독점적으로 판매할 수 있게 하는 특별한 제도였다.

'유통 관리에 어려움이 따르는 막걸리의 특성과 과당 경쟁으로 인하여 저질 주류의 생산이나 탈세를 방지한다.'

이렇게 근본 취지는 좋았으나 결과론적으로는 막걸리 시장을 죽이는 결정적인 실책이 되고 말았다. 1970년대에 주류 제조장 통폐합이 이루어지자 막걸리 제조사들은 품질을 높이거나 성장을 위한 노력은 하지 않고 무사안일한 자세로 세월만 보낸 것이다. 독점이라는 특수한 상황이 빚어낸 현상이다. 결국 막걸리 시장은 1980년대로 들어서면서부터 저질 막걸리 범람, 시장의 폐쇄적인 구조 등으로 인해 나날이 인지도가 떨어졌고, 급성장한 맥주와 소주에 시장마저 내주고 만다.

푸대접을 받으며 겨우 명맥만을 유지해 오던 전통술이 되살아난 건 1990년대부터이다. 정부가 순곡주 제조 금지령을 풀었고, 또 막걸리의 전국적 유통을 허가했기 때문이다. 특히 2001년도에 막걸리 공급지역 제한제도를 폐지하고 신규 면허를 허용한 것이 주효했다. 이미 1988년 올림픽을 계기로 소득이 증가했고, 1980년대 민주화운동 등으로 인해 우리 고유의 전통에 관해서도 관심이 높아졌고, 그래서 자연스럽게 전통술에 대한 수요도 늘어나기 시작했다. 그런고로 막걸리 양조장은 더 이상 안주할 수 없었으므로 환골탈태의 자세로 양질의 막걸리 생산에 박차를 가한 것이다.

그런데 여기서 한 가지 특이한 사실이 있다. 최근의 막걸리 열풍은 사실 국내가 아니라 바다 건너 일본에서 먼저 시작되었다는 점이다. 한류 열풍에 힘입어 한국 문화에 대한 일본인들의 관심이 높아지자 순리란 듯이 한국 음식도 주목받기 시작했는데, 김치와 더불어 막걸리가 일본인의 관심을 끌게 되자 뒤늦게 우리나라에서도 막걸리의 가치를 다시 보게 되었다는 점이다.

막걸리가 그간의 설움을 씻고 다시 국민주로 등극하게 된 데에는 무엇보다도 방송의 역할이 컸다. 일본에서 시작된 막걸리 열풍이 서울로 옮겨져 불이 붙자 여러 방송사에서는 앞다투어 막걸리를 재조명하기 시작했고, 이어서 막걸리에 대한 효용마저 알려지자 급속

하게 전국으로 확산된 것이다. 그 결과 막걸리 판매량은 꾸준히 상승해 막걸리 양조 업체는 때늦은 호황에 즐거운 비명을 질렀고, 높아진 위상에 걸맞은 막걸리를 만들기 위해 많은 노력을 기울이고 있다.

천편일률적이던 색과 맛은 젊은 층에 맞게 다양화되었고, 용기도 좀 더 세련되게 제작해 막걸리는 싼 술이라는 이미지에서 벗어났다. 거기에다가 막걸리는 곧 몸을 건강하게 하는 술이라는 개념을 더해서 건강주라는 공식도 만들어냈다. 최근 몇 년 사이에 쏟아지고 있는 막걸리 상표출원을 보면 이러한 열풍이 얼마나 대단한가를 한눈에 알 수 있다. 시도별로 출원된 막걸리 상표를 보면 와인 상표만큼이나 다양하다.

강원도: 허생원, 곤드레, 만드레

경기도: 이동, 참살이, 배다리

경남: 하용촌, 탁사마, 배막걸리, 참당주

경북: 청량주, 동곡, 탁배기, 문경의아침

광주: 무등산, 울금주, 송정금천

대구: 불로, 청량한팔공산

대전: 산막, 세천

부산: 동백, 금정산, 생탁

서울: 월매, 장수

울산: 태화루, 복순도가

인천: 소성주, 칠선주

전남: 순희, 청자골, 정고집

전북: 천둥소리, 춘향골, 은파

제주: 오메기술, 제주

충남: 미담, 월향, 알밤

충북: 대강, 덕산햇살, 성해주, 천년주

    막걸리 관련 상표출원은 막걸리 주점의 창업 열기만큼이나 꾸준한 증가세를 보이고 있는데, 이처럼 상표출원이 계속 증가하게 된 이유를 특허청은 이렇게 분석했다.

    "막걸리에 대한 젊은 층의 선호도가 높아지고, 막걸리 제조 기술과 냉장 유통 시스템의 진화로 유통기한이 많이 늘어났기 때문이며, 여기에 각 지방자치단체가 지역 막걸리에 대한 브랜드 육성에 적극적으로 나선 점, 그리고 막걸리를 수출 효자로 키우기 위한 정부의 노력 등이 함께 어우러진 결과로 보인다."

    인천 또한 예외는 아니었다. 수요에 부응하고 주류 시장 변화에 적극적으로 대응하기 위해 최첨단 컴퓨터 시스템을 기반으로 하는 자동 제국기와 주입기 등의 시설을 갖추고 품질 개발을 위해 꾸준히 노력하고 있다. 인천이란 지역의 특색을 살린 막걸리, 인천 사람의 몸과 입에 가장 잘 들어맞는 막걸리를 생산해 전국 막걸리와 상품화 경쟁에 박차를 가하고 있는 것이다. 새삼스러운 얘기가 아니다. 인천은 일찍부터 '술 빚는 도시'로 두각을 나타내며 대한민국 양조 산업을 이끈 대표 도시이다.

소성주

인천의 술 제조 역사는 1892년 9월에 오카야마라는 일본인이 용강정, 현재 인현동에 청주 양조장을 세우면서 시작되었다. 그 후 조일양조, 도요타주조장, 고삼주조장 등이 잇따라 생기면서 양조업이 인천에서 비중 있는 산업으로 자리 잡은 것이다. 신태범 박사의 유저 『인천 한 세기』를 보면, 개항기 인천은 술판이었다는 말이 괜히 나온 말이 아님을 알 수 있다.

"1920년 전후에 많은 양조장이 시내 각처에 생겨났다. 대동양조조합, 영화양조조합, 인천양조조합 등 법인체제에서부터 대일양조장, 김휘관양조장, 영춘양조장, 신창양조장, 소성양조장, 대화양조장, 계림양조장 등 소규모 개인 업체에 이르기까지 14개소가 있었다."

1920년대 초반 인천 인구는 37,000명 정도였는데 조선인 양조장 14개소, 일본인 양조장 7개소, 이렇게 양조장이 무려 21개나 있을 만큼 번성했다는 말이다. 당시 인천에서 이렇게까지 양조업이 발전할 수 있었던 이유는 풍부한 미곡 덕분이라는 분석이다. 개항 이후 인천은 미곡 집산지가 되어 정미업이 발전하게 되었고, 술의 원료가 되는 미곡이 풍부해지자 자연스럽게 양조업이 발전했다는 것이다.

고된 육체노동에 최고의 위안은 역시 술 아니겠는가. 지금도 그렇지만 당시는 더욱더 그랬을 것이다. 육체적으로 힘든 일을 하는 노동자에게 술은 하루의 고달픔을 잊게 하는 약이자 허기진 배를 채워주는 음식이었다. 청주 같은 고급술은 가진 자들이 마시는 술이었다면 부담 없이 마실 수 있는 막걸리는 서민의 술이었다. 따라서 부두나 공장에서 일하는 노동자가 유난히 많았던 인천에 그만큼 막걸리 양조장도 많을 수밖에 없었던 것이다.

막걸리를 만드는 과정은 쌀이 밥상에 오르는 과정만큼이나 수고로운 일이다. 한 알의 쌀이 생산되기까지 농부의 손이 99번은 거쳐야 하는 것처럼 막걸리 또한 지에밥을 만드는 것부터 시작해 발효를 거쳐 완성품으로 나오기까지 12가지가 넘는 제조 과정을 거쳐야 한다. 40도를 넘나드는 뜨거운 열기로 말미암아 땀을 비 오듯 쏟아내며 오직 정성과 인내로 고된 시간을 이겨내는 하는 것이다.

특유의 감칠맛에 단맛, 신맛, 쓴맛, 이 모두를 느낄 수 있어서 그 안에 인생의 맛이 다 녹아 있다는 막걸리, 지금부터 인천 막걸리 양조장을 대표하는 '인천탁주'와 인천탁주를 대표하는 막걸리 '소성주'를 통해 인천 막걸리 이야기를 풀어보겠다.

인천 막걸리 양조장은 1926년에 황해도 평산 출신 최병두가 설립한 '인천양조'를 선두로 해서 1938년에 설립한 '대화주조' 등 군소 양조장은 14개나 있었다. 그러나 1974년 5월, 정부의 1지역 1탁주공장 정책에 의해 지역마다 하나로 통합되는데, 인천 지역은 11개

탁주 양조장이 연합해 '인천탁주합동제조'를 설립한다. 이렇게 해서 현재 인천 막걸리 양조장의 대명사로 불리는 인천탁주가 탄생했고, 이로 인해 그동안 인천에서 자리 잡고 있던 군소 양조장은 역사 속으로 사라지고 만다.

즉 인천탁주는 지난 1974년 5월 24일, 인천 양조업의 한 축을 담당하던 인천양조와 대화주조를 비롯해 인천 지역 11개 양조장이 합병한 회사로, 무려 90여 년이나 되는 막걸리 제조 역사를 자랑하는 곳이다. 이후 부평 청천동을 제1공장으로, 인천양조가 있던 동구 창영동을 제2공장으로 해서 무려 직원 100여 명이 상주할 만큼 큰 규모로 성장한다. 하지만 연합한 후 한동안 잘 나가던 인천탁주는 80년대로 들어서면서부터 다른 지역 막걸리 양조장처럼 품질이 떨어진다는 이유로 내리막길을 걷게 된다. 이미 여러 문제점을 가지고 있던 막걸리가 서민들에게마저 외면받는 상황으로 치닫자 자동으로

술 시장은 맥주와 소주로 바뀌게 된 것이다.

예기치 않은 곳에서 큰 파도를 만난 인천탁주는 힘겨운 시간을 보내야 했다. 낮은 생산성으로 인해 직원들 월급 채우기에도 바빴고, 엎친 데 덮친 격으로 조합원끼리 마찰도 심해서 급기야 존폐의 위기에 처하게 된다. 술 제조업자 특유의 뚝심이 없었다면 헤쳐 나오기 힘든 파고였다. 그러나 돌이켜 보면 이런 불황이 결과적으로 나쁜 일만은 아니었다. 이런 일을 겪으면서 그들은 '흩어지면 죽는다. 뭉쳐야만 산다.'라는 교훈을 얻었기 때문이다.

그때였다. 인천탁주가 어떻게든 살아나려고 발버둥 치던 바로 그 시점에 정부는 획기적인 발표를 하나 한다. 식량 자급을 이유로 쌀 막걸리 생산을 금지하던 규제가 풀린 것인데, 1990년에는 쌀막걸리를 허용했고, 1991년에는 소주 원료로도 쌀을 사용할 수 있도록 허

가한 것이다. 드디어 인천탁주는 '되는 집안은 가지 나무에도 수박이 열린다.'라고 하면서 즉각 쌀막걸리 개발에 들어갔다. 누룩을 발효시켜 만드는 전통 기법인 쌀막걸리 제조법에는 나름대로 특별한 비법이 있었기 때문이다.

그렇게 해서 인천탁주는 전국 최초로 쌀막걸리를 개발해 출시하게 된다. 그 이름이 바로 '소성주'이다. 1990년 1월, 정부가 규제를 풀자마자 제일 먼저 출시한 제품이다. 1970년대 박정희 정권 때는 일시적으로 쌀막걸리에 대한 규제가 풀렸지만 그것은 정책의 오류였으므로 곧 다시 취소가 되었고, 정식으로 풀린 것은 1990년대이다. 탁주 업계 최초로 쌀을 원료로 한 막걸리를 개발했다는 소식은 9시 뉴스를 장식하기에 충분했고, 그래서 인천 시민의 관심은 거의 폭발적이었다. 전국에 있는 막걸리 애호가 또한 적지 않은 수가 쌀

로 만든 생막걸리를 마셔 보기 위해 인천으로 달려갈 정도였다고 하니, 그때 인기를 실감할 수 있을 것이다.

그러나 기대가 크면 실망도 큰 법, 또 문제가 생겼다. 너무 서두른 게 화근이었을까. 오랫동안 단절되었던 전통 기법을 복원하는 과정에서 기술적인 착오가 생긴 것이다. 그동안 밀가루로만 막걸리를 만들다 보니 쌀막걸리를 만드는 데 필요한 경험과 기술을 잊어버렸는지 제대로 된 맛을 내지 못했는데, 한마디로 기술력이 떨어졌고, 그래서 맛이 없었다. 또 밀가루 막걸리에 익숙해져 있는 서민들의 입맛을 돌리는 데에도 시간이 걸렸다. 내 지역 술이니 당연히 마셔야 한다면서 환호하던 인천 시민까지도 등을 돌렸다. 인천탁주는 실패를 인정하고 생산을 중단했다. 어렵게 세상에 나온 소성주는 그렇게 탄생의 기쁨도 채 누리기도 전에 곧 사라지고 말았다.

인천탁주는 이 일을 다시 한 번 더 배움의 기회로 삼아야 했다. 내부에서는 그동안 너무 안일했다는 반성도 터져 나왔다. 1970년대 이루어진 주류 제조장 통폐합과 막걸리 공급지역 제한제도로 말미암아 지역 안에서 유통과 소비가 다 이루어졌으므로 경쟁자가 없어졌고, 시장을 확대하려는 필요성도 못 느끼다 보니 연구와 개발을 등한시했다는 점을 깊이 깨달은 것이다. 이제 인천탁주가 살 길은 오직 좋은 제품을 만들어내는 것뿐임을 절감했다.

그때부터 전통 기법을 보완하는 새로운 기법을 연구하고 개발하는 데 매진 또 매진한다. '향가약주', '쌀막걸리', '조껍데기동동주', '산더덕막걸리', '검은콩막걸리', '누룽지막걸리' 등 다양한 종류의 살균 막걸리가 쏟아져 나왔고, 그래서 인천탁주 제품은 다시 세상에 조금씩 알려지기 시작한다. 특히 1992년, 장기간 보존하기 위해 팩에 담은 쌀막걸리 '농주'를 개발해 출시하자 시장은 요동치기 시작했다. 농주는 80도에서 짧은 시간 동안 살균 공정을 거친 술로 생막걸리와 비교하면 트림이 없고 달콤한 맛을 강화한 술이다.

그리고 이 농주의 맛과 향을 오래도록 간직하게 하는 진공포장기술도 개발해 장기간 보관이 가능하게 되자 미국과 일본 등으로 수출하는 길도 열렸다. 이는 현재 국내에서 유통되거나 외국으로 수출하고 있는 살균 탁주의 시초가 된 기술이다. 인천탁주 제품은 1993년 5월 미국 시카고에서 열린 국제식품쇼에 출품해 호평을 받았으며, 1994년 5월에는 스페인에서 열린 세계음료대회에 참가해 주류분야 대상을 차지하기도 했다. 다음은 연합뉴스 1993년 4월 17일 자에 실린 기사의 일부분이다.

'국내에서 외면을 받고 있는 막걸리와 약주 등 우리나라의 전통술이 올 들어 본격적으로 수출되고 있다. 19일 농림수산부와 관련업계에 따르면 올 들어 막걸리와 약주의 수출계약을 체결한 나라는 미국, 일본, 호주 등 3개국에 이르며 교포가 상당수 있는 괌 지역에도 수출이 되고 있다. 막걸리 등 전통술의 수출이 이처럼 호조를 보이고 있는 것은 최근 쌀막걸리를 최장 6개월까지 위생적으로 보존할 수 있는 종이팩 시설이 도입된 데다 철저한 품질관리로 우수한 술을 생산하고 있기 때문이다. 특히 막걸리와 약주는 교포들뿐만 아니라 일본, 미국, 호주의 현지인들도 상당수가 이를 선호하고 있는 것으로 알려졌다. 막걸리와 약주의 수출을 주도하고 있는 단체는 인천 지역 탁주 업자들이 합동으로 구성한 인천탁주합동제조장이다.'

이렇게 인천탁주는 다시 승승장구하는 듯했다. 적어도 외형만은 그렇게 보였다. 그러나 인천탁주가 갈 길은 여전히 멀고도 험했다. '안 되는 집안은 뒤로 넘어져도 코가 깨진다더니', 꼭 그런 꼴이었다. 제품의 인지도는 높아졌으나 막걸리 시장은 점점 줄어들어 사양산업으로 접어든 것이다. 농촌 모내기 장소에서조차 막걸리 대신 맥주를 마시는 지경에 이르렀기 때문에 인천탁주 노력만으로는 침체된 막걸리 시장을 되살리기에는 한계가 있었다. 한때 100명을 넘어섰던 직원은 어느덧 40명으로 줄었으며, 급기야 제2공장으로 사용하던 동구 창영동 인천양조 자리도 문을 닫고 말았다. 막걸리 제조 과정에서 가장 중요한 수질에 문제가 생긴 것도 이유지만, 공장을 두 개씩이나 돌릴 만큼 정상적인 경영을 할 수 없는 것도 이유 중의 하나였다.

인천탁주 정규성 대표

정규성(1957년생) 대표가 대표이사 자리를 맡은 건 그즈음이었다. 합동제조회사 인천탁주는 설립 이후 11개 양조 업체 사장이 차례로 돌아가면서 운영을 맡고 있었는데, 1997년에 대표이사 자리에 오른 정규성 대표는 1997년부터 지금까지 17년째 계속해서 인천탁주 대표이사를 역임하고 있다.

정규성 대표는 인천을 대표하던 양조장 대화주조 창립자의 후손으로 3대째 가업을 잇고 있다. 대화주조는 1938년에 창립하여 36년 동안 지역 양조장으로서의 자존심을 지켜왔으나 인천에 있던 다른 양조장과 마찬가지로 1974년에 정부의 1지역 1탁주공장 정책으로 인해 인천탁주로 합병된 것이다.

인연이란 알면 알수록 참 신기하고 놀라운 일이다. 정규성 대표의 본가가 바로 삼치거리에 있다는 사실이다. 삼치거리에 가면 인천집과 양산박삼치 뒤로 이 층짜리 빨간 벽돌집이 고개를 내밀고 있는데, 바로 그곳이 1938년에 세워진 대화주조 터였던 것이다. 정규성 대표 가족은 지금도 그 집에서 살고 있고, 그 집에서 매일 부평으로 출퇴근하고 있다. 이 2층 양옥집이 지금은 비록 삼치 식당에 묻혀 있지만 옛날에는 인천에서 몇 채 안 되는 고급 양옥집으로, 그 집을 구경하려는 사람들이 일부러 찾아올 만큼 그 거리의 명물이었다. 대화주조는 양조장 합병 후 헐렸고, 지금은 주차장이 되어 인하의집과 인천집이 공동으로 사용하고 있다.

동인천에서 태어나 동인천 축현초등학교를 나오고, 지금껏 동인천에서 살고 있는 정규성 대표는 자타가 공인하는 동인천 토박이다. 또 삼치거리의 원조 인하의집 홍재남, 이초자 부부와는 생전에 가족같이 지내던 특별한 관계였다. 이 특별하고 아름다운 인연은 훗날 삼치거리 형성의 근간이 되었고, 삼치거리 사람들 또한 굳이 소성주를 고집하는 이유가 된 것이다.

정규성 대표를 만난 건 땡볕이 기승을 부리던 2014년 7월 말쯤으로 인천시 부평구 청천동에 있는 인천탁주 공장에서였다. 청천2동 골목 초입부터 벌써 술 익는 냄새가 진동하기 시작했다. 탄탄하게 세워진 빨간 벽돌 건물에는 구수한 누룩 냄새가 진하게 배어 있었고, 유리 장식장 안에는 90여 년의 역사를 자랑하는 인천 막걸리가 그 모양과 색깔을 달리하며 나란히 전시되어 있었다. 익숙한 술 내임에도 불구하고 처음에는 약간 어지러웠다. 술내만으로도 취할 수 있다는 걸 그곳에서 처음으로 알았다.

"일제강점기 때 중구 전동에 일본인이 운영하던 양조장이 있었

어요. 당시 할아버지께서는 영화초등학교 교사로 재직하시면서 그 양조장 회계도 맡아 하셨다고 해요. 나중에 일본인 사장이 그 일에서 손을 떼면서 마땅한 후임자를 찾던 중 저희 할아버지가 적임자가 되어 양조장을 인수하게 되었답니다."

태어나면서부터 술 냄새를 맡았고, 어렸을 때는 놀이터요, 커서는 삶의 터전이기도 했던 곳이 바로 술도가였으니 당연히 술을 잘 마실 걸로 예상했으나 예상은 보기 좋게 빗나가고 말았다.

"집안 내력입니다. 할아버지, 아버지, 저, 이렇게 술을 전혀 못 합니다. 시음을 위해 막걸리 몇 모금 정도 마셔보는 게 음주의 전부입니다. 저에게 딸이 둘 있는데 그나마 한 아이가 술을 좀 합니다. 그것만으로도 저는 성공했다고 봅니다. 그런데 이상하죠. 술 해독 능력은 없지만 술맛을 감별하는 능력은 누구에게도 뒤지지 않거든요. 물론 할아버지, 아버지, 두 분 다 같은 상황이었고요."

정규성 대표는 인천 중구에서 2남 4녀 중 막내로 태어났다. 어릴 적에는 얌전한 편이었고, 구슬치기하고 딱지치기하는 또래 아이들과 비슷하게 성장했으므로 특별히 자랑할 거리는 없었다. 유년 시절부터 학교를 졸업하고 군대를 마칠 때까지 비교적 자유롭고 편안하게 생활했으나 어느 날 갑자기 가업을 이어받으면서 인생이 달라졌다.

정규성 대표는 막내였음에도 불구하고 3대째 이어 오던 가업을 맡게 된 것을 숙명이라고 말했다. 보이지 않는 손이 자신을 그리로 이끌었다는 말이다. 집안의 기둥이었던 큰형이 외국으로 공부하러 나갔다가 그곳에 그대로 정착하는 바람에 선택의 여지가 없었다는 것이다. 그리고 1988년에 서른하나의 나이로 대화주조를 이어받을 당시에는 이미 막걸리 사업이 사양길로 접어들 때였다. 이런 저간의 사정을 뻔히 알고 있었기 때문에 정규성 대표는 일을 시작할 때 이미 고생길을 각오할 수밖에 없었다.

1997년, 정규성 대표가 인천탁주 책임자로 나섰을 때 회사 재정 상태는 상당히 어려웠고, 막걸리 사업 또한 바닥을 치고 있었다. 그러나 그대로 주저앉아 있을 수만은 없었다. 돌파구가 보이지 않았지만 주먹을 불끈 쥐고 초심으로 돌아가자고 설득했다. 나는 인천탁주에 몸을 묻을 각오로 경영 일선에 나섰다, 좋아하던 골프도 접었다, 술을 마실 줄 모르니 음주 가무하고도 거리가 멀다, 이렇게 모두에게 다짐한 다음 사업상 필요한 일 외에는 사람들과 만남도 피하고 오직 경영에만 전념했다. 새벽 5시부터 오후 6시까지 단 한 시도 회사를 비우지 않았다.

"막걸리는 생(生)으로 유통되는 술입니다. 효모가 살아있는 생막걸리의 특징은 매일 맛에 변화가 일어난다는 것이지요. 막걸리의 맛은 숙성 온도와 기간에 좌우되지만 환경도 아주 중요합니다. 막걸리는 다른 술들과 달리 살아있는 생명체이거든요. 술이 살아있어요. 아주 섬세하지요. 작은 창문을 통해 들어오는 햇빛과 장마철의 습기와 계절에 따른 온도, 그리고 사람들의 작은 움직임에도 금방 영향을 받습니다. 창문 가까이에서 햇빛을 받는 발효 통과 창문에서 멀리 떨어져 있는 통을 비교해 보면 미묘한 맛의 차이가 있습니다. 물론 일반 소비자들이 드실 때는 맛의 차이를 못 느끼지요. 우리 같은

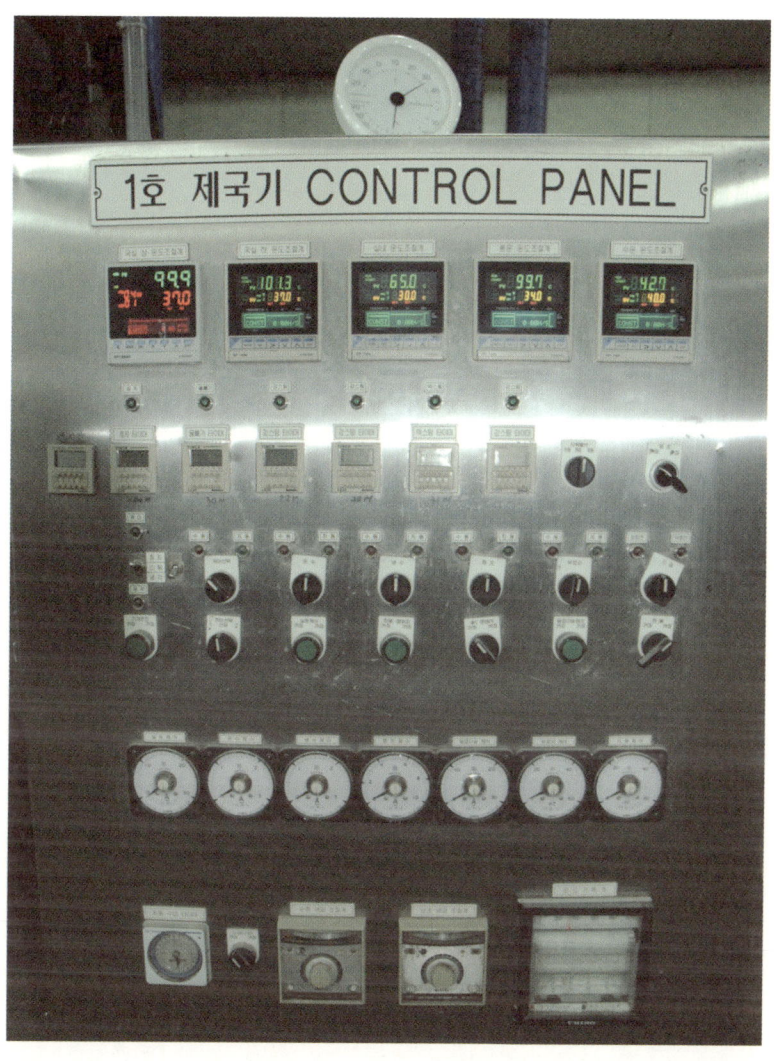

전문가들이 볼 때 그렇다는 것이지요. 그러니까 곁에서 항상 관심과 사랑을 주어야 합니다. 조금만 소홀히 하면 금방 티가 나거든요. 출고되어 나올 때까지 결코 안심할 수 없어요. 손도 많이 가고 신경도 많이 써야 하지요. 그래서 하면 할수록 어려운 술이 막걸리입니다."

정규성 대표의 성실과 열의는 인천탁주에 새로운 활력을 불어넣었다. 초심으로 다시 돌아가 한 발 한 발 앞으로 나가며 꾸준히 새로운 시장을 공략했고, 다른 한편으로는 품질 향상을 위해 힘을 쏟았다. 그러자 꿈쩍도 하지 않던 시장이 조금씩 움직이기 시작했는데, 인천 시민들도 인천탁주 제품에 칭찬을 아끼지 않았던 것이다. 사장 11명이 1년씩 돌아가며 회사 경영을 책임지는 제도였으나 다른 사장 10명은 정규성 대표의 경영 능력을 높이 사 그가 계속 유임해주기를 원했다. 정규성 대표는 기꺼이 총대를 다시 멨다. 어깨는 무거웠으나 3대째 가업을 잇고 있다는 자긍심이 그를 견디게 했다. 때맞춰 새로운 돌파구도 마련되었다. 막걸리 공급지역 제한제도가 2001년에 풀린 것이다. 사양길에 있던 막걸리 양조업은 서서히 기지개를 켜며 용트림하기 시작했고, 막걸리의 품질경쟁 시대도 본격적으로 시작됐다.

인천탁주가 버린 자식이나 다름없었던 소성주 카드를 다시 꺼내든 건 2006년이었다. 그동안 품질 향상을 위해 생산 시설 현대화와 자동화에 투자를 아끼지 않은 데다가 시행착오를 겪으면서 갈고 닦은 제조 기술이 더해져 생막걸리 생산에 자신감이 붙었기 때문이다. 특히 최신 컴퓨터 시스템으로 곰팡이를 배양하는 자동 제국기를 도입해서 균일한 품질 또한 유지할 수 있었다. 결과는 말 그대로 대박이었다. 2006년 12월에 소성주를 다시 출시하자마자 순식간에 인천 시장 점유율 80퍼센트를 넘어선 것이다. 90년을 쌓아온 비법이 빛을 발하는 순간이었고, 1990년에 겪은, 첫 출시 실패로 인한 뼈아픈 상처가 비로소 완전히 치유되는 순간이었다. 이렇게 해서 인천탁주는 지역 전통주로 우뚝 서게 된다.

'서울에 장수막걸리가 있고 부산에 생탁이 있다면, 인천에는 소성주가 있다.'

인천 시민은 이런 말로 소성주에 대해 무한한 사랑을 표현했다. 정규성 대표는 인천 사람이라서 마시는 게 아니라 소성주만의 독특한 맛에 이끌려 마시는 술이 되기를 바란다고 하지만, 여기서도 의리, 저기서도 의리, 온통 의리, 의리 하는 세상인데 의리로 좀 마셔주면 또 어떻겠는가.

소성주는 인천을 대표하는 막걸리로 흔히 인천의 장수막걸리라 불린다. 그래서 인천 사람이라면 소성주라는 이름을 모르는 이가 없을 정도인데, 동기 사랑, 나라 사랑이듯이 인천 사람에게는 소성주 사랑이 곧 인천 사랑인 셈이다. 어느 술집을 가더라도 굳이 소성주만 찾는 소성주 폐인도 많다는데, 그만큼 인천 시민에게는 소성주가 친근하며 익숙하다고 생각하면 된다. 삼치거리만 가더라도 탁자 위에는 소성주가 단골로 등장한다.

그리고 소성주가 인천의 술이라는 말은 맞지만 그렇다고 인천에만 있는 것은 아니다. 막걸리 공급지역 제한제도가 철폐되면서부터는 전국구로 활동하고 있기 때문이다. 지에스(GS)슈퍼마켓 입점을 시작으로 해서 홈플러스, 롯데마트 등 대형 마트에서도 볼 수 있고, 요즘은 미니스톱이나 지에스(GS)25시 같은 편의점에도 입점해 있다.

이름이 '소성주(邵城酒)'인 까닭은 신라 경덕왕 때 인천을 소성현(邵城縣)이라 불렀기 때문이다. 인천을 상징하는 지명을 찾다가 발견한 이름이다. 인천이라는 지명은 정치적 변화와 깊은 관계를 맺으며 바뀌어 왔다. 백제 때는 미추홀, 고구려 때는 매소홀, 신라 때는 소성현, 고려 때는 경원군이었다가 인주로 바뀌고, 조선 태종 때 오늘날의 명칭인 인천으로 개편되고, 일제강점기 때는 인천부, 그리고 해방 후에 인천시, 인천직할시, 인천광역시 순서로 변해왔다.

막걸리는 기호 식품이다. 막걸리 본래의 흐린 빛깔과 시큼하고 텁텁한 맛을 좋아하는 사람도 있고, 요즘처럼 맑은 빛깔에 부드러우면서도 단맛이 도는 걸 좋아하는 사람도 있다. 소성주는 효모를 96시간 동안 증식하고 배양한 다음 4~6일이 경과한 후에 제조한다. 그렇기 때문에 천연 탄산을 함유하고 있어서 특유의 청량감과 감칠맛을 가지고 있다. 따라서 다른 지역에서 생산되는 막걸리의 단맛이나 부드러운 맛과는 달리 뒷맛이 깔끔하다. 또 막걸리 고유의 텁텁한 맛이 나지 않아 목 넘김이 좋으며, 알코올 도수도 비교적 낮은 6도라서 젊은이들, 특히 여성들이 좋아한다. 이렇게 해서 소성주는 막걸리에 대한 기존의 이미지를 개선하고 소비 계층을 다양화해 막걸리 시장 활성화에 앞장서고 있다는 평을 받고 있다.

"소성주는 여성들의 입맛을 고려해서 개발된 술입니다. 여성들도 편하게 마실 수 있는 술을 만들자, 제품 개발 시점부터 거기에 초점을 맞췄습니다. 술이 남성들의 전유물이었던 시대는 지났습니다. 이제 술자리는 남성들 못지않게 사회 활동이 왕성해진 현대 여성들에게도 필수 코스가 되고 있지요. 여성들의 주류 소비는 점점 더 많이 늘어나고 있습니다. 그래서 맛도 있고 건강도 해치지 않으면서 피부 미용에도 좋은 술, 그걸 모토로 해서 만들어진 술이 바로 소성주입니다. 시대를 앞서간 거지요. 여담입니다만, 우리 회사 공장장이자 막걸리 감별사도 여성이고요, 실험실 연구자도 대부분 여성입니다. 저도 딸만 둘이고요. 하하."

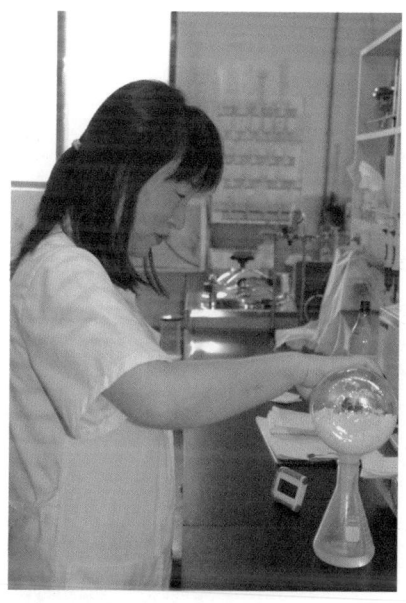
막걸리 연구원

정규성 대표의 이런 말처럼 본격적으로 막걸리 붐이 일어난 2009년부터 특별히 부각된 부분이 있다. 바로 막걸리가 가진 기능성으로 유산균, 항암

효과, 피부 미용 등에 관한 내용이다.

'막걸리는 통풍 억제효과와 피부 미백효과, 주름 생성 억제효과가 있다. 막걸리는 항암 성분이 풍부하게 들어 있다. 막걸리는 각종 영양소가 풍부하게 들어 있다. 막걸리는 변비에 효과가 있다.'

이렇게 언론에서 지나치게 막걸리의 좋은 효능만을 강조하다 보니 웃지 못할 에피소드도 종종 발생한다.

"저 지금 임신 중인데요. 술이 너무 당기는데요. 막걸리는 건강식이어서 괜찮을 거라는 말이 있어서요. 좀 마셔도 될까요?"

"피부 미백효과와 주름 생성 억제효과가 있다고 들었어요. 하루에 몇 잔 정도를 마시면 될까요?"

이런 다양한 물음에 정규성 대표는 담담하게 대답했다.

"술은 어떻게 쓰느냐에 따라 약이 되기도 하고 독이 될 수도 있

습니다. 아무리 몸에 좋은 막걸리라도 술은 술입니다. 막걸리를 건강 음료로 착각하면 안 됩니다."

정규성 대표의 일과는 출근하자마자 각 부서를 한 바퀴 돌아보는 걸로 시작한다. 국실, 사입실, 재성실, 실험실, 현장, 출고 등 모든 과정을 살피면서 일일이 공정을 점검하고 각 과정을 책임지고 있는 직원들을 독려한다. 정규성 대표는 잘 알고 있다. 모든 과정은 이미 기계화, 자동화되어 있지만 결국 막걸리는 사람의 손길과 정성으로 익어 간다는 것을. 따라서 정규성 대표가 항상 제품 맛 못지않게 공을 들이는 것은 바로 사람이다.

"회사가 잘되려면 직원 복이 있어야 합니다. 회사는 절대로 사장 혼자 잘나서 되는 게 아니거든요. 특히 우리같이 전통 기법을 중요시하는 제조 회사에서는 더더욱 그렇지요. 그동안 여러 번 위기와 좌절을 겪으면서 깨닫게 된 진리입니다. 그런데 우리 회사는 복이 많은 것 같습니다. 인천탁주에서 일하는 분들은 근무 연수가 길어요. 정년까지 가는 분들도 많습니다."

그리고 인천탁주에는 주류 업계에서 몇 안 되는 '여성 막걸리 감별사'가 있다. 소성주의 제조부터 출고까지 맛을 움직이는 이로, 이진경 실장이 그 주인공이다. 그녀는 인천탁주의 보배이자 정규성 대표의 우군이고, 또 막걸리 감별사이자 인천탁주 공장장이다. 이진경 실장 또한 정규성 대표처럼 선대로부터 내려오는 양조업을 물려받은 경우다. 이 실장이 출근하자마자 하는 첫째 일은 출고 직전 막걸리를 입으로 감별하고, 실험실로 가져가 알코올 도수와 산도를 재는 일이다. 먼저 그녀의 혀끝으로 맛을 감별한 다음 좋다는 신호가 나오면 최종적으로 정규성 대표가 감수 과정을 거치는 것이다. 이 과정은 하루도 빠짐없이 진행되는 아주 중요한 일과 중 하나이다. 인천탁주에서 대단한 긍지를 가지고 일하는 이진경 실장은 소성주를 이렇게 말한다.

"생효모를 발효해서 만드는 막걸리는 미세한 온도와 배합의 차이로 그 맛이 변할 수 있어요. 이 맛을 변함없이 유지하는 것이 가장 어려운 부분인데요, 우리 인천탁주는 3대째 술을 빚어 온 오랜 경험으로 그 부분을 잘 이뤄내고 있습니다. 최적의 조건에서 발효시켜 생효모의 맛을 그대로 느낄 수 있도록 심혈을 기울이지요. 제게 소성주는 단순한 술이 아닙니다. 자식과도 같은 존재이지요. 관심과 정성이라는 비법으로 탄생한 특별한 자식이요."

막걸리는 증류주와는 달리 완성되지 않은 술이라고 말한다. 마시기 직전까지 계속 익어가기 때문이다. 그러니까 언제 마시느냐에 따라 맛이 다 다르게 나타난다. 일반적으로 생막걸리 유통기한은 10~15일이다. 이 기간이 지나면 효모의 변질이 생기고 당연히 맛도 변한다. 그러나 소성주는 유통기간이 10일 정도밖에 되지 않는다.

누구는 갓 출시된 맛을 최고로 꼽고 누구는 적당하게 묵은 맛을 최고로 꼽는다. 인천탁주 정규성 대표는 갓 출하된 막걸리를 최고로 꼽고, 술꾼들은 출하한 지 5일 정도 지난 소성주를 즐겨 마신다. 그런데 소성주 병에는 한 가지 비밀이 있다. 소성주 병뚜껑은 완전 밀폐가 아니라 바깥 공기가 들어올 수 있게, 즉 보이지 않는 빈틈이 있게 만들었다는 말이다. 이것이 바로 소성주가 제맛을 내는 특별한 비법이다.

　소득이 늘어나면 소비자의 문화적 욕구가 늘어나는 것 또한 당연지사이듯이 시대가 변하면서 소비자의 입맛도 변할 수밖에 없는 것이다. 1970년대까지만 해도 전체 주류 출고량 가운데 80퍼센트 이상을 차지했던 막걸리였지만, 1980년대 후반부터 소비자는 급격히 맥주, 더 나아가 와인으로 돌아서기 시작했다. 그렇게 시장점유율 5퍼센트까지 추락했으나 건강을 걱정하는 시대가 도래하자 건강주를 자처하는 막걸리가 다시 급부상하고 있는데, 최근에는 와인에 버금가는 술로 주목받고 있다.

　상황이 이렇게 돌변하자 모두 막걸리의 고급화와 명품화를 선언하고 나섰다. 고급 위스키나 포도주에만 유명 상표가 붙는 게 아니었다. 참살이탁주를 필두로 해서 국순당, 배상면주가 등이 재료를 고급화하거나 제조 방법을 변형해서 막걸리의 고급화 전략에 나선 것이다. 이에 대해 정규성 대표의 생각을 들어보았다.

　"우리는 충분히 세계적인 브랜드를 만들어낼 역량을 갖고 있습니다. 하지만 지금은 명품을 말하기에는 시기적으로 좀 이르다고 봅니다. 명품은 그렇게 쉽게 얻어지는 게 아니거든요. 명품은 세월의 값입니다. 그만큼 공이 많이 들어가야 되고, 시간이 필요하단 얘기지요. 단지 용기 디자인이 세련되어지고, 비싸고 좋은 재료를 첨가했다고 해서 무조건 명품이라고 말할 수는 없습니다. 물론 이 말은 출시되어 있는 기존의 유명 제품을 빗대서 하는 말은 결코 아닙니다. 그 제품들은 이미 세계적으로 인정받은 우리의 명품 막걸리임에는

틀림없습니다. 제가 지금 말하고자 하는 부분은 좀 더 근본에 관한 문제입니다. 우리가 명품을 말하기 전에 먼저 고민해야 할 문제들이 있습니다. 제품 출시도 중요하지만 더 중요한 게 있습니다. 정부 및 업계의 지속적인 연구를 통한 막걸리 매뉴얼입니다. 핵심 기술과 누룩, 발효 방법, 발효·숙성 기간, 양조 횟수, 제조 시기 등에 대한 체계적인 방법론이 필요합니다. 오늘날 와인이 세계적인 브랜드가 될 수 있었던 것도 그 맛에 대한 감별과 제품의 표준화가 오랜 세월 동안 지속적으로 이루어졌기 때문이거든요. 일본인들 또한 동일한 주질과 품질을 유지하는 기술을 가지고 있습니다. 우리도 그래야 합니다. 그걸 해낼 수 없다면 명품화는 요원한 것입니다. 지금처럼 각 지자체들이 막걸리 열기에 편승해 지역 술도가와 함께 단기 계획적으로 막걸리 산업 참여를 추진하면서 홍보·마케팅에 열을 올린다고 해서 명품이 저절로 탄생하는 게 아니라는 말이지요. 다음으로는 전문가를 많이 키워내야 합니다. 와인에는 소믈리에(sommelier)가 있고, 사케에는 기키자케시(利き酒師)라는 전문가가 있잖습니까. 우리 막걸리 분야에도 그러한 전문가를 꾸준히 양성해야 합니다. 그리고 마지막으로, 우리 소비자들이 우리 막걸리에 대해서 좀 더 깊은 관심을 가져야 한다고 봅니다. 이렇게 되어야만 술이 발전할 수 있고, 술이 발전하면 술 브랜드도 따라서 올라가기 때문입니다. 막걸리가 시간을 갖고 서서히 익어 가듯이 막걸리 고급화와 명품화 또한 그런 단계를 거치면서 자연스럽게 탄생하는 거라고 봅니다."

양적인 팽창을 거치고 이제 질적인 팽창을 향해 동분서주하고 있는 대한민국 막걸리! 요즘은 막걸리의 고급화와 명품화 못지않게 부르짖는 게 또 하나 있으니, 바로 막걸리의 세계화이다. 최근에 정부는 한식 세계화를 추진하면서 세계화 추진 음식 가운데 전통주를 포함시키고, 막걸리의 세계화에 대한 기대를 저버리지 않고 있다. 또 정부는 시음회와 품평회 등 국내 이벤트를 후원하고 있으며, 여행객이 막걸리 양조장을 견학할 수 있도록 견학 시설을 정비하는 데도 조성금을 지급하고 있다.

그러나 어느 대통령 부인이 떠들썩하게 시작한 이 사업은 현재 정체되어 있는 상태이고, 또 자금만 지원한다고 해서 세계화가 되는 것은 절대로 아니다. 세계화를 위해 어떤 부분이 어떻게 필요한가를 정부와 업체는 머리를 맞대고 세부적인 항목까지 조율해야 하고, 소비자의 관심을 끌기 위해 지속적으로 관심을 기울여야 할 것이다. 농림축산식품부 장관이 지난해 10월 31일 '막걸리의 날' 기념행사에서 한 말이 뜬금없이 생각났다.

"일본에 편중된 막걸리 수출 시장을 다변화하기 위해 유럽 시장에도 막걸리의 지명도를 높여갈 것이다."

이렇게 말하며 건배를 했는데, 그렇다면 과연 무엇으로 세계화를 이룰지 그것이 궁금하다. 정규성 대표는 이에 대해 이렇게 진단했다.

"충분히 세계인의 술이 될 수 있다고 봅니다. 그러나 전제되어야 할 것이 있습니다. 우리 막걸리가 세계의 여러 술과 맞서기 위해선 먼저 가장 한국적인 술이 돼야 한다고 봅니다. 우리 막걸리만이 가지고 있는 고유의 색과 맛, 그리고 발효되면서 나오는 자연 탄산 등을 최대한 살려낸, 그런 좋은 막걸리여야 한다는 말입니다. 가장 한국적인 것이 가장 세계적인 것이니까요. 외국인의 입맛에 맞추기 위해 어설프게 퓨전화해서는 안 된다는 얘기죠. 그리고 또 하나 막걸리의 세계화를 위해선 반드시 해결하고 넘어가야 할 부분이 있습니다. 막걸리의 장점은 발효 식품이라는 것인데, 바로 그 점이 또한 막걸리의 치명적인 약점이 되고 있습니다. 보존 기간이 짧다는 것이죠. 냉장 보관해도 겨우 열흘을 버틸 수 있는 생막걸리, 즉 저장성이 떨어지는 단점을 극복해야 합니다. 막걸리 특유의 그 맛을 어떻게 오래 보존할 것인가, 그리고 그 맛을 어떻게 심화시킬 것인가, 하는 문제들은 결코 쉬운 문제들이 아닙니다. 막걸리의 세계화를 이루려면 먼저 이와 같은 문제점을 보완해야 한다고 생각합니다. 그리고 다음으로는 내수 시장입니다. 먼저 내수를 충분히 확보하는 것이 중요하다고 생각합니다. 국민적 관심과 성원이 뒷받침될 때 세계로 뻗어 나갈 힘도 생기는 것이거든요. 그런 의미에서 지금은 자꾸 세계화를 부르짖기보다 국내에서 우리 술의 토대를 좀 더 다지도록 노력할 때가 아닌가 싶습니다."

탁주 인생 어언 30여 년, 1988년에 가업을 이어받은 후 양조인의 길을 걸은 걸 한 번도 후회해 본 적이 없다는 정규성 대표, 처음에는 부모님에 의해 선택되었지만 이제는 뼛속까지 양조인이라며 인천탁주에 대한 각별한 애정과 자긍심을 드러내고 있다.

"양조인은 돈을 벌기 위해 일을 하기보다는 먼저 일 자체에 재미를 느껴야 합니다. 음식이나 주류 사업의 대물림은 재산의 대물림이 아닌 전통과 문화의 대물림이라고 생각합니다. 전통을 잇는다는 건 분명히 힘든 일이지만 힘든 만큼 보람도 크지요. 저는 지금 제 딸들에게도 양조인으로서의 길을 권하고 있습니다. 본인들만 원한다면 적극적으로 돕고 싶어요. 제 자식 대까지 이어지면 4대가 가업을 잇는 겁니다. 생각만 해도 아주 멋지고 아름다운 일이지요."

그리고 인천탁주는 '동인천 삼치거리번영회'가 매년 불우이웃돕기를 위해 실시하고 있는 '막걸리 데이' 행사에 소성주 130박스(2,600병)를 후원하는 걸 기본으로, 부평구와 함께 모자가정과 다문화가정 등 취약 계층 여성을 돕는 '여성 더 드림(The Dream)' 사업을 펼치고 있으며, 축구팀 인천유나이티드와 함께 인천 사회복지공동모금회에 '사랑의 기부금'을 전달하는 등 소외당하고 있는 지역민을 돕는 일에도 앞장서고 있다. 정규성 대표는 이렇게 약속했다.

"기업으로서 사회적 책임을 다하며, 지역의 소외된 분들을 위해서는 적극적인 후원 사업을 꾸준하게 펼치겠습니다."

오랫동안 단절이라는 아픔을 겪기도 했지만 2009년부터 이어진 막걸리 열풍에 힘입어 현재 대한민국에는 양조장 750여 개, 생산되는 막걸리는 2,000여 종이나 된다. 그 맛은 지역마다 양조장마다 다 다른데, 쓰이는 재료와 발효 방식, 술을 빚는 이의 철학과 환경, 그리고 그 지역의 역사와 문화에 따라 술맛이 달라지기 때문이다.

인천 막걸리는 1926년 인천양조에서 출발해, 1938년 대화주조, 1974년 인천탁주합동제조장으로 변했고, 일제강점기, 한국전쟁, 산업사회를 거치는 동안 인천 시민과 함께 울고 웃으며 오늘날에 이르렀다.

인천을 대표하는 막걸리, 소성주! 인천탁주 대표 상품, 소성주! 그래서 마지막으로 정규성 대표에게 소성주에 대한 감회를 물었다.

"소성주는 감히 인천의 막걸리이자 인천 시민의 술이라고 말하고 싶습니다. 소성주의 역사는 곧 인천의 역사지요. 소성주에는 인천의 역사와 문화, 그리고 역사의 수레바퀴 속에서 굴곡진 삶을 살아온 인천 시민의 애환과 시름, 거기에 90여 년 이어 온 인천 막걸리의 흥망성쇠까지 다 배어 있으니까요. 모든 술은 다 각기 사연을 갖고 있습니다만, 소성주는 그 자체가 사연입니다. 지금도 동구 배다리에 가면 인천 최초의 양조장 인천양조에 대한 사연을 들을 수 있고요, 중구 전동 삼치거리에 가면 3대째 가업을 잇고 있는 대화주조의 사연을 들을 수 있습니다. 저는 술도가에서 태어나 평생 술도가를 끼고 살았고, 아마 앞으로도 건강이 허락하는 한 이 술도가를 벗어나지 않을 것입니다. 제일 행복한 순간은 우리 인천 시민께서 우리 소성주를 맛있다고 칭찬해 주시고, 또 소성주가 인천 술임을 자랑스러워하며 다른 지역 분들에게 자신 있게 소개해 줄 때입니다. 소성주는 계속 인천 막걸리이고 싶습니다. 인천 시민 곁에서 인천 시민을 위무하며 인천의 맛을 내는 막걸리로 남고 싶습니다. 어디에나 있는 그런 맛이 아니라 인천에만 있는 맛, 그래서 사람들이 소성주를 마시러 발품을 팔아서까지 인천으로 오게 하는, 그런 막걸리 말입니다."

제2장

삼치거리 사람들

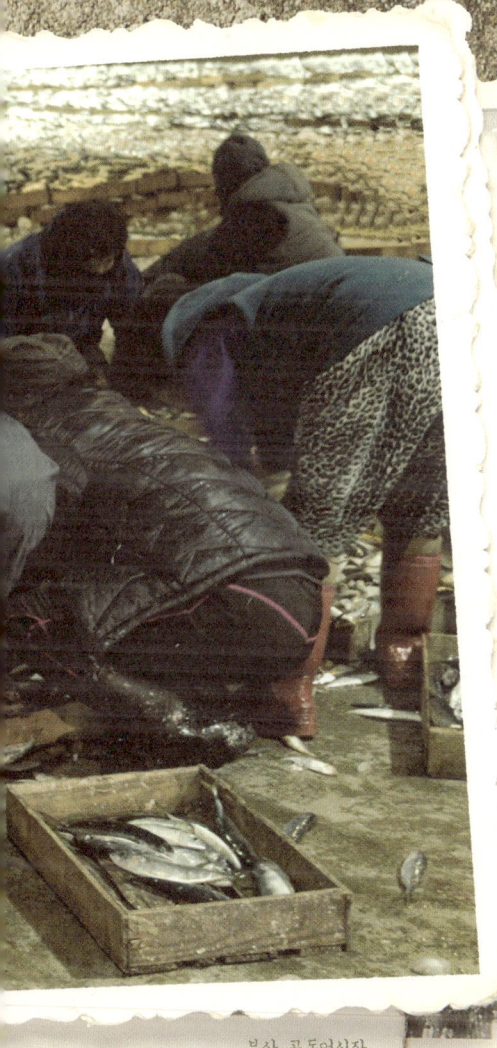

부산 공동어시장

양산박삼치

- 주인장 이름은 김남수이다.
- 1995년부터 식당을 했으니 이제는 터줏대감이라 불릴 만하다.
- 식당은 오후 2시에 문을 열고, 밤 12시에 문을 닫는다.
- 주인장이 추천하는 품목은 모듬구이생선이다.

◉ 1980년에서 1990년대 초까지만 해도 반도스포츠 수석 디자이너로 이름을 날렸고, 당시에는 외국을 이웃집 드나들 듯이 쏘다녔다. 그러나 그 잘난, 그 대쪽 같은 성질로 말미암아 회사와의 갈등이 잦아 그만두었고, 개인 사업을 시작했으나 또 타협할 줄 모르는 그 자존심 때문에 고전하다가 집 한 채를 날려 먹고 나서야 정신을 차렸다. 그때 사회가 만만하지 않다는 걸 비로소 깨달았으나 나이는 벌써 30대였다.

뭘 해서 먹고사나 하고 궁리하던 차에 때마침 삼치거리에 빈 가게가 하나 나왔다. 주변이 온통 학교인지라 아이들을 대상으로 하는 장사를 해보려고 했으나 가게를 얻기 전부터 어려움에 봉착하고 말

왔다. 주머니에 가진 돈은 1,500만 원이 전부였는데 보증금은 2,500만 원이나 되었다. 게다가 이발소를 하려는 사람과 경쟁마저 붙어 절대적으로 불리한 상황에 놓이고 말았다. 그쪽은 이미 돈을 준비한 상태였다. 흥정도 한 번 못 하며 괴로워하고 있을 때 그의 단골집인 '인하의집' 홍 사장님께서 와 사정 얘기를 듣더니 집에 가서 기다리라고 했다. 초조한 마음으로 기다리고 있는데, 그날 밤에 전화가 왔다.

"내가 건물주에게 얘기해 놓았네. 자네의 성실성을 믿고 있으니 잘 될 걸세. 내일 가서 계약하게나."

고마운 마음을 전한 뒤 그다음 날 바로 계약하고 입주를 시작했다. 그런데 또 문제가 생겼다. 바로 앞에 축현초등학교가 있어서 오락실을 차리려고 했으나 학교와 바로 붙어 있어서 허가가 나지 않은

것이다. 며칠 동안 망연자실하게 넋 놓고 앉아 있다가 다시 인하의집을 찾아갔다. 홍 사장님께서는 잠깐 고민하다가 말했다.

"삼치집을 하지 않겠나. 부지런하고 인정만 많으면 된다네. 큰 부자는 힘들겠지만 애들 가르치면서 먹고살 수는 있을 거야. 내가 힘닿는 데까지 도와줌세."

그때 그들 부부는 하늘에서 내려 준 동아줄을 잡고 기뻐한 '해님 달님' 오누이처럼 안도의 한숨을 내쉬며 감격했다. 남들이 하겠다고 해도 훼방을 놓을 판에 먼저 나서서 손을 내미는 홍 사장님 내외, 이 천사 같은 부부를 가슴에 품고 본격적으로 삼치 식당을 시작했다. 1995년 어느 날이었다.

◉ 오후 2시쯤 출근해서 제일 먼저 하는 것은 화초에 물을 주

는 일과 도마를 햇볕에 말리는 일이다. 그다음에는 식당을 환기시키고, 실내를 청소하고, 테이블을 가지런하게 정리한다. 조금이라도 아내의 일손을 덜어주기 위해 자잘한 일은 미리 준비해 놓는다. 그 일이 끝날 때쯤 아내가 출근한다. 집안일을 마친 아내가 출근하면 본격적으로 손님 맞을 준비를 하는데, 아내는 밑반찬을 준비하고 그는 생선을 손질한다.

오후 4시쯤부터 손님들이 하나둘씩 들어온다. 가족을 동반하고 외식하러 오는 손님부터 산에 갔다가 하산하는 길에 들르는 손님까지 손님 층은 다양하다. 저녁 7시가 넘으면서부터는 본격적으로 술손님이 몰려온다. 식당이 넓지 않아서 단체 손님보다는 2~3명, 3~4명씩 오는 경우가 많고, 손님 가운데 대부분은 오랜 단골이고, 또 요란한 손님도 없어서 식당 안은 비교적 조용한 편이다.

그는 손님들과 반갑게 인사는 나누지만 합석해 같이 술 마시지는 않는다. 그래서 서운해하는 분도 있지만 그건 그의 원칙이다. 바쁜 아내를 도와 오븐에 생선도 굽고, 직접 음식을 나르는 등 정신없이 보내다 보면 대략 밤 11시쯤 된다. 그때가 되면 손님의 발걸음이 뜸해져서 들어오는 손님보다는 나가는 손님이 더 많다. 그는 기다렸다는 듯이 슬그머니 자리 하나를 차지해서 앉고, 아내는 익숙하다는 듯이 생선 한 접시와 소성주 한 통을 내놓는다. 그는 늘 아내에게 고마워한다.

혼자 앉아 천천히, 아주 천천히 막걸리를 마신다. 그가 그한테 주는 선물이다. 그러나 취하지 않을 만큼만 마신다. 알코올 기운이 서서히 몸속으로 퍼지면 가슴속에 있던 열과 하루의 고단함이 스르르 녹아내린다. 하루 중 가장 행복한 시간이다. 그러다 보면 어느새 밤 12시이다. 이제 식당 문을 닫을 시간이다. 종종 늦은 시간임에도 불구하고 술에 취해 비척거리며 찾아오는 손님도 있으나 그는 점잖게 돌려보낸다. 아내가 한 푼이라도 더 벌려는 욕심으로 손님을 받으려고 하면 그는 단호하게 못을 박는다.

"오늘은 이만하면 됐어요. 욕심부리지 맙시다."

그 순간 조용해진다. 조용해지니 이웃 식당에서 새어 나오는 웃음소리가 더 크게 들린다. 이웃 가게는 여전히 손님들로 시끌시끌하다. 그 집은 새벽 두 시까지 손님들로 만원이다. 그러나 그는 크게 신경 쓰지 않는다. 진심이다.

서운한 표정으로 돌아섰던 아내가 슬그머니 맞은편 의자에 앉는다. 그는 아내의 손을 잡아끌어 막걸리 잔을 쥐어 준다. 아내는 못 이기는 척하며 잔을 받아 든다. 그는 미안함과 고마움을 반반씩 담아 아내 잔에 막걸리를 채운다. 아내가 피식 웃으며 건배를 외친다. 양산박삼치의 하루는 이렇게 저문다.

◉ 식당을 하기 전에 연습 삼아 삼치 요리를 해봤다. 처음에는 뭘 몰라서 삼치를 찜통 채반에 올려놓고 삶았다. 그 모습을 본 인하의집 부부가 5분 동안 웃더니, 걱정하지 말라며 삼치 손질하는 방법부터 삼치 튀기는 방법까지 손수 가르쳐 주셨다. 이미 식당 계약할 때와 식기 준비할 때 많은 도움을 받았는데, 이번에는 삼치 요리법과 손님을 대하는 자세까지 배웠으니 고마운 점은 한두 가지가 아니었다. 그분들 덕에 이 거리에서 먹고살았고, 아이들 공부도 다 시켰다. 그래서 인하의집 내외분은 절대로 잊지 못할 것이다. 지금도 가

끔 생각날 때면 삼치 한 마리 굽고, 막걸리 한 병 꿰차고 그분들 산소에 찾아가 고맙다는 인사를 하고 온다.

◉   처음 이 일을 시작할 때는 30대였고, 딸은 초등학교, 아들은 유치원에 다니고 있었다. 곱고 재능 많던 아내를 부엌데기 만들고 말았고, 아이들은 할머니 손에 자라야 했다. 삼치집 시작하고 얼마 지나지 않아 장모님이 와서는 아내를 그냥 끌고 가버렸다. 그는 그때가 제일 힘들었다. 며칠 지난 후 찾아가 무릎 꿇고 빌었고, 아내는 다시 돌아왔다. 자신만 믿고 모든 걸 포기한 아내, 행복은 잠깐이었고 고생은 길었다. 그러나 지금은 나름대로 재미있게 일하는 눈치이다. 현재 딸은 대학 졸업한 후 직장 생활을 하고, 아들은 군 복무 중이다. 모두 잘 자라서 아이들에게도 고마워한다.

◉ 블로거가 남긴 글 가운데 가장 기억에 남는 대목이 하나 있다.

'오늘 퇴근하고 신포동에서 동인천으로 걸어오는데, 양산박삼치 아줌마가 신포동 입구 횡단보도에서 큰 봉지 두 개를 들고 날 쳐다보고 계시는 거 아니겠어? 설마 날 알아보시려고 하면서 옆에 섰는데 씩 웃으시는 거야. 하하 놀랬다. 나를 기억하시고 말이야. 짐 하나 들어 드리면서 동인천까지 왔는데, 왜 요즘 안 오느냐고 하시면서 우리 친구들 안부를 다 물으시더라. 우리가 자주 가긴 갔나 봐. 이제 아줌마까지 우릴 그리워하시니. 항상 마지막 코스가 되었던 양산박삼치, 조만간에 한번 가야겠다. 집합하세, 78년생 만석인들이여.'

전동삼치

- 주인장 이름은 박연화이다.
- 이 집도 1995에 시작했으니 경력이 만만치 않다.
- 식당은 오전 11시에 문을 열고, 새벽 4시에 문을 닫는다.
- 추천하는 메뉴는 파전, 두부김치, 낙지소면이다.

⊙ 동인천이 번화가였던 시절에는 이 삼치거리가 중심이었고, 당연히 젊은이들로 들끓었다. 동구, 중구, 남구는 물론이고 부평, 수원에서도 놀러 올 정도였다. 특히 학생들이 많았다. 제물포고, 대건고, 인천여고, 인일여고, 인성여고, 인천여상 등 근처에 학교가 몰려 있었다. 이렇게 학생들의 거리였기 때문에 당연히 학생들을 상대로 하는 장사가 잘됐다. 공부에 필요한 문구점, 화방, 체육사 같은 것도 많았지만 그에 못지않게 분식집도 많았다. 그녀도 처음에는 이 거리에서 분식집을 했다. 쫄면과 칼국수가 주요 요리였다. 분식집을 접고 삼치집을 시작한 이유는 근처에 있던 학교가 대부분 신도시로 이전했기 때문이다.

　삼치집을 하면서부터 뭔가 색다른 게 없을까 하고 고민하기 시작했다. 후발 주자였기 때문에 식당 이름을 알리려면 뭔가 색다른 게 있어야 했다. 궁리 끝에 생각해 낸 게 바로 서비스 품목이었다. 연안부두에 가서 홍합을 사다가 손님들에게 무제한으로, 무료로 주기 시작했는데, 그게 바로 대박이 난 것이다. 시작한 지 3개월 만에 손님이 넘쳤고, 그 뒤로 지금까지 큰 어려움 없이 잘하고 있다.

　⊙　현재 이 골목에는 삼치집 이십여 곳이 자리하고 있고, 식

당끼리 나란히 붙어 있다. 이렇게 한 골목에 이십여 개나 되는 식당이 다닥다닥 붙어 있지만 아직 이웃끼리 큰소리 한 번 없었다. 골목 전체가 훈훈하다. 이런 분위기가 조성된 건 원조 홍 사장님 덕분이다. 그분이 처음부터 우리 오순도순 정 나누며 함께 가자, 하며 솔선수범했기 때문이다. 요 몇 년은 각자 사정이 있어서 그런지 모두가 한자리에 모일 기회가 많지 않았지만, 옛날에는 정말 삼치거리 사람들 전체가 가족 같았다. 홍 사장님께서 앞에서 끌었고, 뭘 해도 같이했다. 서로 대소사 챙겨주는 건 물론이고 먹는 것도 같이, 노는 것도 같이했다.

일 년에 딱 두 번 골목 전체가 쉬는 날이 있는데, 그날은 바로 삼치거리 가족이 야유회 가는 날과 정월 대보름 척사대회가 열리는 날이다. 야유회는 큰 버스를 대절해서 가고, 그동안 좋다는 산은 다 돌아보았을 것이다. 정말 꿈같은 시절이었고 행복한 시간이었다. 그렇

게 같이 밥을 먹으며 어울리다 보면 관계가 더욱 돈독해지는 건 당연지사이다. 서로 입장도 이해할 수 있고, 또 서로 허물도 덮어 주는, 그런 사이로 말이다. 그런데 요즘은 확실히 옛날보다 못하다. 문제가 생겨도 쉽게 풀리지 않는다. 이 거리에 큰 어른이 없어서 그런 것인가? 아쉬운 점은 한둘이 아니지만, 모두 잘 되리라 믿는다. 모두 한 가족이 되어 오순도순 정을 나누던 옛날이 그립다.

◉ 1970~1980년에는 이 일대가 그야말로 청춘들의 특구였다. 동인천역에서 자유공원으로 오르는 길은 고등학생들의 성지요, 동인천역에서 신포동으로 이어지는 길은 청년 세대와 직장인들의 성지라는 말까지 있었다. 늦은 밤까지 몰려다니는 것도 젊은이의 특징일 것이다. 그 당시는 밤이면 청년들뿐만 아니라 고등학생들까지 뛰쳐나와 거리를 가득 메우던 시절이었다.

친구가 좋아 한 잔, 술이 좋아 한 잔, 사랑을 얻어서 한 잔, 사랑을 잃어서 한 잔, 인생이 뭔지 몰라서 한 잔, 인생을 너무 일찍 알아 버려서 한 잔, 사는 게 행복해서 한 잔, 사는 게 힘들어서 한 잔, 정말 그랬다. 고등학생이 들어와 술 마시다

가 단속에 걸려 혼쭐이 난 경우도 있었지만, 확실히 그 시절에는 낭만이 있었다. 그런데 요즘 젊은이들은 공부에 대한 스트레스와 취업 걱정 때문인지 다들 도서관 아니면 독서실에 박혀 있다. 젊은이만의 패기가 사라진 것이다. 치기여도 좋으니 젊은이들이 다시 골목을 활기차게 누비고 다녔으면 좋겠다.

인정나라삼치

- 주인장 이름은 차주연이다.
- 이곳은 1998년부터 식당을 시작했다.
- 오후 3시에 문을 열고, 새벽 1시에 문을 닫는다.
- 강력하게 추천하는 메뉴는 삼치찜과 닭볶음탕이다.

⊙ 정부가 국제통화기금(IMF)에 구제 금융을 요청할 때 가정 경제가 급격히 어려워졌다. 궁여지책으로 이 거리 바로 이 자리에서 학생들을 상대로 하는 분식집을 시작했다. 처음 해보는 먹을거리 장사였지만 아이들이 맛있다면서 많이 찾아와 그런대로 재미를 붙였다. 그러나 그게 딱 6개월이었다. 분식점을 시작한 지 6개월 만에 근처에 있던 학교 대부분이 다른 지역으로 이전한 것이다. 마른하늘에 날벼락이었다. 너무나 당혹스러워 아무 일도 할 수 없었다. 가게를 내놓고 떠날까 말까, 하고 3개월 동안 고민했다. 그때 인하의집 홍 사장님께서 찾아와 용기를 주셨다.

"다른 데 간다고 마땅한 일이 쉽게 찾아지겠나. 여기서 그냥 삼치

식당이나 하지. 돈 욕심 없이 한다면 먹고사는 일은 걱정이 없을 거야."

홍 사장님 내외의 나눔과 배려에 힘입어 삼치 식당을 열기로 마음먹었다. 마침 분식점을 인수하겠다며 찾아와 계약금을 걸고 갔던 사람이 사정이 생겨 못 들어온다며 계약을 취소하는 바람에 생각지도 않던 돈 40만 원도 있었다. 운명이다 싶어서 그 돈으로 가스 오븐을 들여놓고 삼치 식당을 시작했다.

⊙ 식당을 시작하고 얼마 지나지 않아 미성년자가 들어와 술을 마셨다. 정말 몰랐다. 당시에는 일일이 확인하지 않을 때라서 본인이 학생 아니라고 하면 그냥 아닌 걸로 알던 시절이었다. 그런데 하필 그날 불심검문이 있었다. 꼼짝없이 단속에 걸렸고, 두 달 동안 영업정지를 당했다. 어렵게 시작한 일이고, 갚아야 할 빚도 있었다.

'두 달이나 놀면 빚은 어떻게 갚나?'

158 삼치거리 사람들

하늘이 노랬다. 억울하고 속상해서 잠도 오지 않았다. 바로 그때 친한 친구가 찾아와 넘어진 김에 쉬었다 가라며 수영장으로 끌고 갔다. 수영복도 사주고 입장권도 끊어줬다.

"속 끓이며 앉아 있다고 해서 문제가 해결되는 건 아니잖아. 그럴수록 마음의 여유를 가져야 해. 마음 상하면 몸도 상해. 그러니 오늘부터 당장 운동 시작해. 그래야 더 힘내서 일하지."

친구의 위로와 격려는 큰 힘이 되었다. 그녀는 속상한 마음을 달래기 위해 하루도 빠지지 않고 수영장으로 가 열심히 수영을 배웠다. 수영을 하면서 몸도 건강해지고 마음도 건강해졌다. 그리고 모든 게 '내 탓이오.' 하면서 다시 시작하자는 마음도 생겼다. 마음에 변화가 생기자 식당에도 변화가 생겼다. 그녀가 쉬고 있는 동안 손님들 사이에서 그간의 식당 사정이 알려진 모양이다. 손님들은 마치 자기 일처

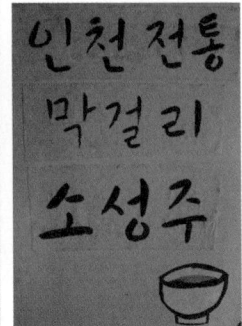

럼 안타까워했다. 영업정지가 풀리자마자 위로와 격려차 그녀의 식당을 찾는 손님의 발길은 끊이지 않았다. 인생은 새옹지마라더니 그녀에게도 기적과 같은 일이 일어났다. 손님이 손님을 모셔 오고, 그 손님이 또 다른 손님을 모셔 왔다. 결국 손님들 덕에 빚도 다 갚고 자그마하지만 집도 하나 샀다. 감사하고 또 감사한 일이다.

◉ 이따금 찾아와 생선구이로 식사를 하고 가시는 분이 있다. 오랜 단골이다. 항상 웃는 얼굴로, 따뜻함이 배어 있는 분이다. 그분을 보고 있노라면 그녀 얼굴에도 저절로 미소가 번지고 마음이 편안해진다. 성격상 손님들에게 살갑게 대하지 못하고 오히려 지나치게 과묵한 표정으로 대했던 그녀, 그분을 뵈면서 비로소 표정의 중요성을 알게 되었다. 혼자 장사하는 그녀를 혹시 쉽게 생각하는 손님이 있지는 않을까 싶어서 평소에는 필요 이상으로 엄숙한 표정을 짓고 있었는데, 그러한 모습은 손님의 마음을 불편하게 할 수도 있겠다는 생각을 하게 된 것이다.

이렇게 입장을 바꿔 생각해 보니 손님들께 여러 가지로 미안한 점이 많았다. 자신을 바꾸고 싶어서 거울을 보며 웃는 연습을 했다. 처음에는 어색했지만 자꾸 연습을 하자 어느 순간부터 미소 띤 얼굴이 자연스러워졌다. 그리고 나자 손님들도 그녀를 칭찬하기 시작했다.

"이모님, 무슨 좋은 일 있나 봐요."

"이모님 표정이 좋으니 보는 우리도 기분이 좋네요."

웃는 얼굴에 침 못 뱉는다는 속담이 괜히 나온 말이 아니라는 것을 알았다. 솔직히 처음에는 그분이 누구인지도 몰랐다. 그냥 마음이 따뜻하고 점잖은 손님 가운데 한 분이었을 뿐이다. 나중에 그분이 누군지 알고 나서는 깜짝 놀랐다. 그분은 바로 '민들레국수집'을 운영하는 서영남 대표이다. 인천 달동네, 동구 화수동에 자리 잡고 있는 민들레국수집은 노숙자나 어려운 이웃에게 무료로 밥을 나눠주는 곳이다. 그리고 서영남 대표는 소외된 이들을 직접 만나기 위해 25년간의 천주교 수사(修士) 생활을 접고 거리로 나와 민들레국수집을 운영하는 인물이다. 그곳에 가면 칠판에 김남주 시인의 시가 적혀 있다.

사랑만이
겨울을 이기고

봄을 기다릴 줄 안다.

사랑만이
불모의 땅을 갈아엎고
제 뼈를 갈아 재로 뿌릴 줄 안다.

천 년을 두고 오늘
봄의 언덕에
한 그루의 나무를 심을 줄 안다.

그리고 가실을 끝낸 들에서
사랑만이
인간의 사랑만이
사과 하나 둘로 쪼개
나눠 가질 줄 안다.

낮은 곳에서 묵묵히 어려운 이들을 위해 참된 사랑을 실천하고 있는 서영남 대표의 삶을 알고 나서는 그분의 따뜻한 미소가 어디서 나왔는지를 더욱 분명하게 알게 되었다. 그래서 그녀는 오늘도 그분의 미소를 닮으려고 노력한다.

◉ 하루하루 사는 게 기쁘고 감사하다. 단골들이 찾아올 때가

가장 기쁘다. 단골들이 마치 자기 친척 집에 찾아오듯이 '이모' 하고 들어서면 가족을 만난 느낌이다. 그럴 때마다 이 일을 계속하길 참 잘했다는 생각이 든다. 그리고 올해 1월, 오랫동안 모시고 살던 어머니께서 돌아가셨다. 손님들이 어떻게 알고는 물어물어 장례식장까지 찾아오셨다. 말로 표현할 수 없을 만큼 고마웠다. 그녀는 내가 그동안 잘못 살진 않았구나 하고 생각했다. 건강이 허락하는 한 이 일을 계속하고 싶다. 단, 손님들이 음식 맛이 변했다고 하면 당장 그만둘 생각이다.

⊙ 이곳은 그녀 인생의 공부방이자 안식처이다. 인정나라삼치는 동네 골목길에 있는 한낱 식당일뿐이고, 그녀는 그 식당 아줌마에 불과하지만, 그녀는 이곳에서 매일 조금씩 성장하고 있다. 그녀를 매일 성장시키는 것 가운데 첫 번째는 바로 음식이다. 비록 최고로 좋은 재료로 최고의 요리를 내어 놓지는 못하지만 정성만은 최고라고 자부할 수 있다. 음식에 정성을 다하다 보면 맛이 좋아지는 건 물론이고 그녀도 일에 대한 자긍심이 생긴다. 음식 맛은 정직하다. 정성이 들어갔느냐 안 들어갔느냐에 따라 맛이 달라진다. 인공감미료가 내는 맛하고는 확연히 다른 맛이다. 손님이 먼저 안다. 그녀가 만든 음식을 먹고 하루의 피로가 다 풀렸다는, 그 한마디를 듣는 맛으로 여태껏 부엌을 떠나지 못하고 있다.

다음은 사람이다. 그녀는 음식을 통해 사람을 만난다. 지난 16년 동안 수많은 사람이 그녀 식당을 다녀갔다. 그 안에는 많이 배운 사람, 조금 배운 사람, 많이 가진 사람, 덜 가진 사람 등 각양각색의 사람이 있다. 그러나 그녀는 사람의 품성이 많이 배우거나 덜 배우거나, 많이 갖거나 덜 가지거나, 이런 것과는 별 상관이 없다는 걸 안다. 마음이 맑고 따뜻한 단골손님들 덕분에 꽃보다 사람이 아름답다는 것을 거듭 확인했다.

그리고 이름이 그래서 그런지 그녀 식당 손님들은 유난히 인정이 많다. 내부가 비좁아 모르는 사람과 어깨를 부딪치며 마셔야 하지만, 낯선 옆 탁자 손님과도 거리낌 없이 안주도 나누고 술도 나눈다. 그럴 때마다 그녀는 밥집 아줌마인 것이 행복하다. 오늘은 또 어떤 손님이 오실까. 매일 문 여는 시간이면 설렌다.

마지막으로 하나 더 말하고 싶다. 그것은 바로 책이다. 오래전부터 책 읽기는 그녀 삶의 일부분이었다. 책은 그녀 살이고 뼈이고 피다. 그래서 책이 없는 생활은 상상할 수 없다. 손님이 있을 때는 바빠서 좋고, 손님이 없을 때는 책을 읽을 수 있어서 좋다. 이것이 바로 그녀가 손님이 없어도 조바심을 치지 않는 이유이다. 법정 스님 책은 항상 곁에 두고 읽는다. 마음

이 기쁠 때나 슬플 때나 제일 먼저 집어 드는 책은 법정 스님 책이다.

책은 표지가 닳도록 읽고 또 읽는데, 그녀는 그녀를 일깨울 수 있는 책이 정말 좋은 모양이다. 물론 소설책도 읽고, 철학책도 읽고, 산문집도 읽는다. 최근에 읽은 책 가운데서는 정호승의 산문집과 중국 청화대 교수가 쓴 『나를 지켜낸다는 것』이 가장 기억에 남는다. 한 가지 특이한 버릇은 그녀가 읽고 감동한 책은 꼭 단골손님들에게 선물한다는 점이다. 책의 감동을 같이 나누고 싶기 때문이다. 좋은 책이라면 한꺼번에 10권씩 주문할 때도 있다. 손님들은 처음에 다소 의아하게 생각했다.

'책방 주인도 아니고, 식당 아줌마가 틈틈이 책을 읽는 풍경도 낯설거니와 거기다 손님에게 책 선물까지?'

그러나 수십 년을 한결같은 마음으로, 그리고 한결같은 자세로 임하다 보니 이제는 단골들도 아주 자연스럽게 받아들이고 있다. 그녀는 그녀가 생각해도 좀 별나다. 손님들이 그녀가 선물한 책을 잘 읽었다며 소감을 말해줄 때는 그녀 음식이 맛있다고 칭찬할 때만큼이나 기쁘다.

◉ 예전에 어느 블로그에서 재미있게 읽은 글귀가 있어서 적어 놓은 게 있다. 그녀는 마음의 지표로 삼기 위해 가끔 들여다본다. 읽을 때마다 마음이 정화되는 느낌이고, 초심을 잃지 않으려고 노력하게 된다.

일본의 어떤 가정주부가 남편의 수입이 적어 동네에 잡화점을 냈다. 그리고 아주 정직하고 친절하게 물건을 팔았고 점점 소문이 퍼지면서 손님이 많아지게 됐다. 당연히 주문량도 점점 늘어갔고 하루 종일 정신없이 팔아야 할 지경에 이르렀다. 하루는 남편이 부인에게 이렇게 얘기했다. "우리 동네 다른 가게들은 이제 손님이 거의 없대. 그리고 저 건너 가게는 아예 문을 닫아야 한다는군." 이 말을 들은 그 부인은 다음 날부터 물건 주문을 줄이기 시작했다. 그리고 파는 물건의 종류도 줄여서 손님들이 줄인 물건을 찾으면 "그 물건은 저 건너편 가게에 있습니다."라는 말로 답하기 시작했고, 그 후로 손님이 점차 줄어 다른 동네 가게도 형편이 나아져 가고, 그 주부도 가게 일에 여유가 생기게 되었다. 그래서 그 부인은 평소 좋아하는 독서에 빠질 수 있었고 틈틈이 글도 쓰기 시작해 결국 유명한 작가가 됐는데, 그 작가는 다름 아닌 『빙점』이란 소설을 쓴 미우라 아야코이다. 자기 혼자서 정직하게 잘사는 것도 중요하지만 더불어 같이 잘살 수 있도록 배려하는 그 정신은 요즘 우리가 본받아야 할 참으로 중요한 정신이 아닌가 한다.

인천집

- 주인장 이름은 김범년이다.
- 주인장은 2002년에 시작했으나 실제로 인천집 역사는 45년이나 된다.
- 식당은 오전 11시 30분에 문을 열고 새벽 2시까지 영업한다.
- 주인장이 특별히 추천하는 메뉴는 반반삼치(일반+양념)와 인천집 코스(반반삼치+계란말이+파전)이다.

◉ 삼치는 밥과 먹으면 반찬이요, 술과 먹으면 안주가 된다. 이렇게 밥도 먹을 수 있고 술도 마실 수 있다면 삼치를 전문으로 요리하는 곳으로 가야 하고, 그런 곳이 바로 삼치거리이다. 이곳 삼치거리 식당 대부분은 뉴질랜드산 삼치를 쓰지만 인천집과 인하의집만은 몇 년 전부터 부산 근해에서 잡히는 삼치를 쓴다. 국내산 삼치는 뉴질랜드산 삼치보다 크기가 작지만, 구이를 했을 때 고소한 맛은 더 낫다. 삼치는 3,000박스 정도를 소금에 재어 놓았다가 필요한 만큼 그때그때 인천으로 가져오고, 이곳에서는 하루에 12박스 정도를 작

업한다. 작업한 다음에는 비린내를 없애기 위해 막걸리에 2시간 정도 담가 놓았다가 다시 소금물에 담가 놓는다. 그러면 고기가 부드럽고 차지고 맛있다. 삼치 요리는 계속 개발 중이다. 카레삼치, 치즈양념삼치, 양념삼치, 삼치조림, 삼치탕수육 등 젊은 사람이 좋아하는 메뉴가 주를 이룬다. 특히 반반삼치와 인천집 코스는 인기가 엄청나게 좋다. 삼치는 다른 생선과 비교하면 맛이 강하지 않기 때문에 여러 양념과 잘 어우러진다.

◉ 5남 2녀 가운데 다섯째인 그는 고등학교 다닐 때까지만 해도 큰 굴곡 없이 살았다. 그러나 그 이후부터는 보이지 않던 벽들이 앞을 가로막기 시작했다. 그는 육군사관학교를 가고 싶었지만 나이

때문에 지원할 수 없었고, 당시 의상 디자이너였던 큰형은 그에게 대학 진학을 포기하고 패션을 배우라고 하면서 최고의 패션 디자이너가 될 수 있도록 지원하겠다고 했다. 그들 형제의 선장 역할을 자처했던 큰형의 말대로 그는 1년 정도 의상실에서 재단을 배운 다음 최고의 국제복장학원에 다닐 것이고, 군대를 다녀온 다음에는 미국으로 건너가 공부를 더 해야겠다는 꿈을 꾸었다. 그러나 현실적인 문제가 생겨 결국 복장학원 다니는 것도 포기해야 했다.

첫 좌절을 맛본 그는 전투경찰에 지원했다. 그런데 제대를 9일 남겨 놓고 순찰 근무를 나갔다가 경찰 오토바이와 택시가 충돌하는 사고를 당하고 말았다. 만신창이가 된 그는 병원에서 1년이라는 끔찍한 시간을 보내야 했다. 한창 혈기 왕성한 나이에 꼼짝없이 병원에 갇혀 있던 그는 너무 기가 막히고, 또 앞날이 막막해서 가슴을 쥐어뜯으며 울곤 했다. 저녁이면 병원 밖 8차선 도로를 꽉 메운 퇴근 인파가 그렇게 부러울 수가 없었다. 그러던 어느 날, 우연히 신문에서 이리 귀금속 공단에서 직업 훈련생을 모집한다는 광고를 보게 되었다. 답답해서 더 이상 참을 수 없었던 그는 다리 상처가 다 낫기도 전에 퇴원을 강행했다. 원서 마감 날짜 때문이었다.

그렇게 그곳에서 5년여 동안 악착같이 배우고 노력한 끝에 실력을 인정받았고, 드디어 서울 어느 보석 가공 공장으로 뽑혀서 가는 행운도 따랐다. 그의 실력을 높이 평가한, 자수정 업계에서는 큰손이었던 어느 사장님께서 하청을 다 줄 테니 공장을 맡아서 해보라는 권유를 했고, 그는 공장을 5년 동안 하면서 제법 돈도 벌었다. 그러

나 중국의 값싼 보석이 밀려들기 시작하면서 보석 가공업도 내리막 길을 걷게 되었고, 급기야 업종 변경을 심각하게 고민하지 않을 수 없는 지경까지 이르고 말았다.

그때 마침 큰형이 그에게 중국요리를 배워 중국집을 해보는 게 어떻겠냐고 권했다. 그때 나이가 서른여섯이었다. 아무것도 모르는 상태에서, 처음부터 하나씩 배운 다음 개업한다는 것은 조금 무모해 보일 수 있는 나이였다. 하지만 어느 정도 승산이 있다면 망설일 필요가 없다고 생각했다.

중국집에 관한 것이라면 없는 게 없는 종로의 한 소개소를 찾아갔다. 비록 나이 든 사환이지만 그는 설거지부터 양념 다듬기까지 어떤 궂은일도 마다치 않고 일해 나갔다. 그러나 밥도 따로 먹도록 하고, 노골적으로 부시하고, 인간쓰레기 취급할 때는 도저히 참을 수 없었다. 두 번째 중국집에서도 죽을 둥 살 둥 몸을 아끼지 않고 일했지만 역시 일이 엉성한 초보 사환은 쫓겨날 수밖에 없었다. 세 번째, 네 번째 중국집에서도 홀대받았지만 그는 어떻게 해서든지 일을 배워 나가리라 마음먹었다. 하지만 인간적으로 무시당하는 게 얼마나 서러웠던지 체육복 한 벌과 장화 한 켤레가 든 보따리를 들고 종로 지하상가 의자에 앉아 쓴 눈물을 수도 없이 쏟아내곤 했다.

그러던 어느 날 회기역 근처에 있는 한 중국집을 소개받아서 갔다. 항상 손님이 바글대는, 장사가 잘되는 식당이었다. 그는 한 달 정도 열심히 배운 후에 개업할 거라고 솔직하게 말한 다음 좀 도와달라고 부탁했다. 처음에는 경계를 하더니 그의 성실함에 마음이 움직였는지 선배들이 하나씩 그의 일을 덜어 주면서 여러 가지 비법도 전수해 주었다.

한 달 뒤, 그는 형이 소유하고 있는 건물 한쪽을 빌려 중국집을 개업했다. 대한서림 뒤에 있는 대원각은 그렇게 문을 열었다. 특별한 기술은 없었지만 이번이 마지막 기회라는, 절박한 심정으로 열심히 일했다.

'내가 먹는 건 팔고, 먹지 않는 건 팔지 않는다.'

이런 생각으로 맛과 청결, 그리고 이미지에 특별히 신경을 썼다. 여러 중국집을 돌아다니면서 지저분한 모습을 워낙 많이 보았

 기 때문에 주방과 홀 구석구석은 말할 것도 없었고, 배달 사원에게도 양복을 입히고 구두를 신겨 다른 음식점과 차별화 전략에 나섰다. 그렇게 애쓴 결과 주말에는 두세 시간이나 기다려야 음식을 먹을 수 있을 정도로 손님이 들끓었다. 하루에 밀가루 세 포는 너끈히 팔았고, 그에 따라 비어 있던 통장에도 잔액이 쌓이기 시작했다.

 그렇게 중국집을 11년 동안 운영하고 있던 어느 날, 그가 소유하고 있는 건물에서 장사하던 인천집이 무슨 문제가 생겼는지 삼치 식당을 그만두고 업종을 횟집으로 변경할 거라는 소리를 듣게 되었다. 삼치거리에 남다른 애정을 품고 있던 그는 고심 끝에 삼치집이 없어지면 안 된다는 결론을 내렸고, 세 들어 있던 이를 내보내고 그가 직접 삼치 식당을 운영하기로 했다. 대원각은 여동생에게 넘기고 삼치거리로 합류한 것이다.

그런데 막상 인수를 하고 보니 여러 가지 문제가 있었다. 식당은 많이 낙후되어 있었고 소문난 만큼 실속도 없었다. 뭔가 새로운 돌파구가 필요했다. 일을 벌여 보고 싶다는 의욕이 막 솟았고, 그것은 발상의 전환을 가져오게 되었고, 메뉴 개발에서부터 실내장식 변화까지 다각도로 점검한 다음 새로운 계획을 세우고 차근차근 진행해 나갔다. 이런 노력 덕분에 손님들의 시선을 끄는 데는 성공했지만, 이웃 상인에게는 너무 튄다는 핀잔도 들어야 했다.

⊙ 인천집만이 가진 특징은 기본적으로 시끄럽다는 점이다. 손님들이 많으니 어쩔 수 없는 일이다. 시끌벅적한 분위기를 좋아하는 분은 괜찮은데, 조용조용하게 이야기하면서 술이나 한잔 하려는 분들은 고개를 절레절레 흔든다. 이 문제를 해결하기 위해 별실을 따로 만들어 놓았다. 일명 전직 대통령 방이다. 방마다 전직 대통령 이름을 붙이고, 방 안에는 그분들 사진으로 장식해 놓았다. 그리고 주방 뒤쪽이라서 조용하고 아늑하다. 친구끼리 모임이 있거나 단체로 회식하는 사람들이 주로 이용한다. 원하는 고객이 많다 보니 사전 예약제로 운영하고 있다.

⊙ 가끔 친척을 모시고 오는 손님이 있다. 그러면 그는 자기 친척을 모시듯이 특별하게 신경 쓴다. 친척은 환대를 푸짐하게 받았으니 흡족한 마음으로 돌아가고, 손님은 진심으로 고맙다며 그의 손을 꼭 잡는다. 그럴 때는 진짜 보람을 느낀다. 단골손님이 오면 음식도

더 많이 주고 신경도 더 써야 하지만, 그것조차도 기분 좋은 일이다. 그는 정을 주면서 장사하는 게 적성에 맞는 모양이다.

    그는 삼치집을 시작할 때 결심한 게 하나 있다. 어떤 손님이든지 그의 집에서 술 마신 사람이 토하면 그걸 장갑 안 낀 손으로 치우겠다는 다짐이다. 냄새나고 더럽다며 코부터 싸쥐는 사람이 대부분이지만, 그가 만든 음식을 그의 손님이 먹고 그런 것인데, 그걸 더럽다고 한다면 더 장사할 필요가 없다는 생각이다. 지금껏 그렇게 해왔고, 앞으로도 그럴 모양이다.

◉   지금까지 그는 마음의 여유 없이 살아왔다. 그래서 이제부터 그는 하고 싶은 것을 하면서 살고 싶다. 운동은 이미 30년 전부터 해왔기 때문에 매일 밥 먹는 것처럼 자연스럽게 일상이 되어 버렸고,

3년 전부터는 격투기를 배우고 있다. 긴장감 있고, 또 박력이 넘치는 듯해서 아주 재미있다. 다음으로 즐기는 건 음악이다. 기타도 배운 지 몇 년 되고, 요즘
은 색소폰에 빠져 있다. 조금 더 연습해서 자랑할 만한 실력이 된다면 식당 한쪽에서 직접 연주를 들려주고 싶다. 그는 음악에 대한 향수와 동경이 유난히 강해 앞으로는 키보드와 드럼도 배워 볼 생각이다. 음악은 그의 정신을 정화하고 영혼을 풍요롭게 하는 에너지이다.

◉ 그가 이렇게 매사에 모든 에너지를 쏟아낼 수 있는 건 다 가족 덕분이다. 그의 곁에는 항상 아내와 아들 준호가 있기 때문이다. 아들만 생각하면 마음이 든든하다. 3년 전부터는 식당 일을 전적으로 맡아서 하고, 이제는 그의 손이 가지 않아도 알아서 척척 해낸다. 그가 마음 놓고 자리를 비울 수 있는 이유이다. 또 그의 아들은 젊은이 취향에 맞는 아이디어도 많고, 메뉴 개발에도 적극적이다. 예전에는 그를 보고 오는 손님이 대부분이었으나 요즘은 아들을 보고 오는 손님도 적지 않다. 생각만 해도 뿌듯한 일이다.

큰손집삼치

- 주인장 이름은 이중기이고, 현재 삼치거리번영회 회장이다.
- 식당은 2010년부터 시작했다.
- 이곳은 비교적 늦은 오후 4시에 문을 열고, 새벽 4시에 문을 닫는다.
- 주인장이 특별하게 추천하는 음식은 오징어순대와 스페셜 A, B, C 이다.

◉ 손님들이 음식이 맛있다고 칭찬할 때, 손님들이 입소문을 듣고 다른 지역에서 일부러 찾아올 때 가장 보람을 느낀다. 특히 단골손님이 이렇게 말할 때는 정말 기쁘다.

"이곳은 특별한 장소이다. 이곳에 있으면 오늘 하루 열심히 산 내가 위로받는 기분이라서 좋다."

◉ 막걸리를 서민의 술이라고 하는 이유가 뭘까? 서민이 즐겨 마시니까 서민의 술 아닌가. 그렇다면 서민이 막걸리를 좋아하는 이유는 뭘까? 낮은 알코올 도수, 식이 섬유 등 각종 영양소가 풍부하

게 들어 있어서 그럴까? 아니다. 가장 중요한 이유는 바로 가격에 있다. 예나 지금이나 막걸리가 서민들에게 인기 있는 이유는 바로 저렴한 가격 때문이다. 그렇다면 삼치거리의 가장 큰 미덕은 뭘까? 역시 저렴한 가격이다. 맛도 중요하고 양도 중요하고 친절도 중요하지만, 가장 중요한 것은 막걸리처럼 착한 가격 때문이다. 그래서 삼치거리가 지금까지 널리 사랑받을 수 있었고, 서민의 거리, 서민의 쉼터라고 불리는 까닭이다.

◉ 인천에는 음식 골목이 몇몇 있다. 용현동 물텀벙이거리, 관교동 밴댕이골목, 화평동 냉면골목, 송림동 순대골목, 부평 해물탕거

리 등 많은 먹을거리 골목이 있고, 이들은 저마다 자기만의 특색을 내세우며 손님들을 끌고 있다. 그중에서 삼치거리는 전통과 역사를 자랑하는 인천의 명물로, 삼치 하나로 50여 년째 사람들의 발길을 사로잡고 있는 곳이다. 저렴한 가격에 놀라고 푸짐한 양에 한 번 더 놀라고, 그래서 20대 젊은 층부터 40~50대 중·장년층까지 다양한 연령대가 저녁 내내 북적이는 것이다. 특히 주머니가 가벼운 직장인과 학생들에게 큰 사랑을 받고 있다.

 인천에서 청춘을 보낸 사람이라면 누구나 이 골목과 막걸리 한 사발에 얽힌 추억을 하나쯤은 갖고 있을 것이다. 그도 이 식당을 운영하기 전에는 이 거리의 단골손님 가운데 하나였지만, 지금은 어엿한 삼치거리번영회 회장이 되어 있다. 그래서 책임이 막중하다. 그는 삼치거리 상인들은 장사만 잘하는 사람이 절대로 아니라고 말한다. 뛰는 물가와 경기 침체로 말미암아 어려워진 서민의 허전한 마음을 넉넉한 인심으로 달래주고, 또 매년 '막걸리 데이'를 열어 얻은

수익금은, 비록 적은 금액이지만 어려운 이웃에게 전하고 있다며 따뜻한 마음을 강조했다. 내년부터는 규모를 좀 더 크게 해서 더 많은 사랑을 나눌 계획이다.

그리고 이곳 삼치거리의 가장 큰 장점은 편안함이다. 옛날 향수를 느끼고 싶은, 나이 지긋한 어르신을 비롯해 이제 막 어른 문턱을 넘어선 20대 젊은이까지 한자리에서 거리낌 없이 즐길 수 있는 곳이라는 말이다. 앞으로도 계속해 인천 서민의 진정한 휴식처로 거듭날 수 있도록 더 노력하고, 어느 분의 말씀처럼 '맛에 반하고 정에 취하는, 사람 냄새 물씬 풍기는 흥겨운 거리'로 만들겠다고 다짐했다.

동그라미삼치

- 주인장 이름은 견윤주이다.
- 식당은 2012년에 시작했다.
- 오후 3시에 문을 열고 새벽 4시까지 영업한다.
- 주요 고객은 20~30대 젊은이로 젊은 식당이다.
- 추천하는 메뉴는 동그랑땡과 순두부찌개이다.

◉ 이 집의 주요 메뉴는 동그랑땡이다. 이상하게도 삼치보다 동그랑땡이 더 유명하다. 100퍼센트 손으로 만든 제품으로 엄마의 손맛이 십분 발휘된 특제 동그랑땡이다. 국내산 돼지고기에 채소를 듬뿍 집어넣고 지지는데, 겉은 바삭하나 속은 부드럽고 촉촉해 한 입 씹는 순간, 저절로 눈이 감긴다. 한 번 그 맛을 본 사람이라면 꼭 다시 찾게 될 거라고 자신한다.

◉ 이곳 삼치거리가 모두 같은 것 같지만 맛과 분위기는 제각각이다. 그러다 보니 단골들은 저마다 찾는 집이 따로 있다. 그녀의

식당을 찾는 고객은 주로 젊은 층이다. 다른 집 여사장은 손님들에게 이모 소리를 듣지만, 그녀는 누나 소리를 듣는다. 주인인 그녀가 늘 젊은 감각을 잊지 않고, 또 식당은 와이파이(Wi-Fi)가 될 정도로 젊은이 취향에 맞는 분위기이다 보니 유독 20~30대 친구들이 많이 찾아온다. 다른 집처럼 나이 불문하고 다 같이 어우러져 술 한 잔 하는 것도 나름대로 괜찮으나 또래끼리 어울리고 싶을 때도 가끔 있으니, 자연스럽게 그녀 식당은 젊은이의 집합소가 되어 버렸다.

특이한 것은 요즘 젊은 친구들은 그녀 때와는 많이 다르다는 점이다. 한 마디로 매너가 참 좋다는 말이다. 직업에 대한 편견도 없어서 식당 주인을 대하는 자세도 아주 반듯하다. 음식이 나갈 때마

 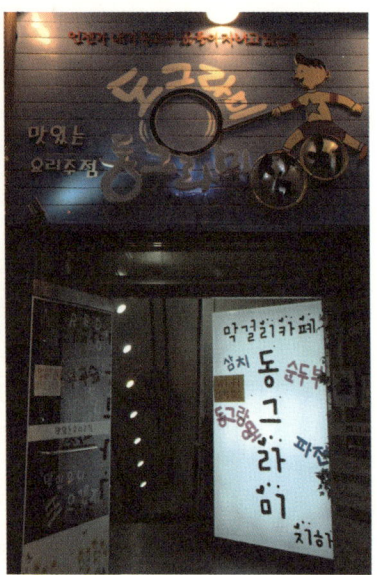

다 고맙다는 말을 하고, 술에 취해도 마무리를 깨끗하게 하고 나간다. 배울 점이 많다.

◉　삼치와 그녀, 그녀와 삼치 식당과의 숙명적 관계를 설명하려면 시간을 좀 거슬러 올라가야 한다. 그녀 집안은 대대로 어업에 종사했고, 이야기 시작은 할아버지 대에서부터 시작된다. 할아버지는 한국전쟁 때 월남해 인천시 동구 화수동에 정착하신 분으로, 화수부두에서는 배를 여러 척 가지고 있던 큰 선주였다. 어업은 고향 황해도에서부터 이어져 오는 가업이다. 그녀가 어렸을 때는 항상 집안 곳곳에 자연산 수산물이 가득했다. 그래서 태어나면서부터 생선 속에 묻혀 살았고, 생선 냄새를 꽃향기처럼 여기며 컸다.

화수부두는 과거 새우젓을 주로 거래하던 부두로 인구 2,000여 명 모여 살던, 명성이 자자하던 포구였다. 1970년대까지만 해도 만석부두와 함께 인근 고깃배가 모두 모이는 인천의 대표 어항이었지만, 주변에 공장이 들어서고, 인천항과 연안부두가 건설되면서부터 상권도 옮겨 가 점차 쇠락하고 말았다. 선주의 아들로 태어나 어른이 될 때까지 생선밖에 모르던 그녀 아버지는 이미 쇠락한 뱃일 대신 어머니와 함께 횟집을 운영하기로 했다. 비록 부둣가에서 떠나 살았지만 여전히 부두에 의지한 삶이었다.

이렇게 할아버지 대부터 바닷고기와는 떼려야 뗄 수 없는 관계였지만 그녀는 일찍부터 생선과는 전혀 상관없는 길로 들어섰다. 대학에서는 공예디자인을 전공했으며, 관심이 있는 쪽은 의류 관련 사업이었다. 그래서 동인천이 아주 잘 나가던 시절, 대한민국에서 최대로 크다는 동인천 지하상가에서 의류 사업을 시작했다. 늘 하고 싶은 일이었고 매출도 좋아서 하루하루가 재미있었다. 그러나 권불십년이라더니 90년대로 들어서면서부터 상권은 신도시로 옮겨 갔고, 동인천 경제는 하루가 다르게 몰락해 갔다. 인터넷 판매조차 전망이 없어지자 더 이상 버티지 못하고 20년 동안 몸담았던 의류 사업을 포기하고 말았다.

숙명이란 이런 것일까. 횟집을 운영하던 부모님께 시 어느 날 가족 경영을 제안해 왔다. 나이가 드니 횟집 일이 힘에 부친다는 이유였다. 그리고 마침 동인천 삼치거리에 좋은 식당이 하나 나와 있고, 이전 주인장이 터를 잘 닦아 놓아서 단골손님도 많고 이미지도 좋고, 그래서 놓치기 아깝다는 것이었다. 삼치 식당이란 말을 듣는 순간, 그녀는 '아, 삼치라. 이건 운명이다.'라는 생각이 들었다. 돌고 돌아서 왔지만 결국은 제자리로 돌아온 느낌이랄까.

잠깐은 망설였다. 요리에 '요' 자도 모르는 그녀가 과연 식당 일을 잘 해낼 수 있을까. 그러나 어머니와 아버지, 그리고 동생의 합창은 그녀에게 용기를 주었다.

"걱정하지 마, 우리가 있잖아."

이렇게 해서 그녀 가족은 삼치거리에 입성하게 되었다. 그녀 남편은 강화도에서 근무 중이라 빠지고, 아버지는 생선 손질, 어머니는 요리 담당, 남동생은 장보기와 퇴근 후 손님 시중, 그녀는 사장. 하하하.

◉ 그녀는 뼛속까지 인천 사람이다. 배다리에 있는 중앙초등학교, 인화여중, 인일여고, 인천전문대 공예디자인과를 졸업했기 때문이다. 인천에서 태어나 인천에서 자라고 인천에서 자리 잡고 사는, 순도 100퍼센트 인천 사람인 것이다. 또 아버지는 송현초등학고, 어머니는 축현초등학교를 나온 오리지널 인천 분이고, 남편도 인천 사람이요, 그녀 아이도 역시 현재 인천에 있는 고등학교에 다니고 있다.

한국전쟁 당시 황해도에서 피난 내려온 할아버지께서 화수동에 둥지를 튼 후 그녀 가족은 한 번도 인천을 벗어나 본 적이 없다. 젊

어서는 잠시나마 인천을 벗어나 살아 보는 것이 소원인 적도 있었다. 그러나 사랑에 빠진 남자가 인천 토박이라는 사실을 알았을 때, 그녀는 확실하게 깨달았다. 결코 인천에서 벗어날 수 없다는 것을.

그녀에게 있어 인천은 엄마 품속같이 포근하고 따뜻한 안식처이다. 인천 토박이라면 누구나 다 그렇지만 그녀 또한 인천 사랑이 남다르다. 골목골목에 추억이 서려 있기 때문이다. 그래서 인천을 사랑할 수밖에 없고, 그 근간에는 항상 고향 사람이 있었다. 초등학교, 중학교, 고등학교 동창과 선후배, 사회에서 만난 이웃까지 그들의 사랑과 관심이 없었다면 오늘의 그녀도 없다. 그녀는 그녀가 인천 사람인 것을 항상 자랑스러워한다.

바다삼치

- 주인장 이름은 임옥순이다.
- 2010년부터 서민촌에서 일했고, 2013년에 서민촌을 인수해 바다삼치로 이름을 바꾼 후 운영하고 있다.
- 오후 1시에 문을 열어 새벽 3시에 닫는다.
- 추천 메뉴는 순두부, 사리를 무한정으로 제공하는 골뱅이소면, 동그랑땡이다.

⊙ 인일여고 앞에서 15년간 문방구를 운영하는 동안은 뒤도 안 돌아보고 살았고, 삼치집과 인연이 닿은 것은 잘 아는 분의 간청 때문이었다. 아르바이트로 일할 사람을 구하는데 손맛 좋은 그녀가 제격이니 좀 도와달라는 것이었다. 마침 아이들도 어느 정도 컸고, 경기도 조금씩 안 좋아져 문방구 일은 예전만 못하던 시점이었다. 평일에는 문방구를 하고, 주말에만 돕는다는 조건으로 삼치 식당에서 아르바이트를 시작했다. 하루에 4~5시간씩 주방 일과 손님 시중을 안 가리며 부지런히 일했고, 그렇게 열심히 하다 보니 찾는 식당

도 많아졌다. 여러 집을 돌아다니며 일하다가 마지막에 일한 집이 지금의 바다삼치 전신인 '서민촌'이다. 서민촌 사장님은 그녀 음식 솜씨와 성실성을 신뢰했기 때문에 그녀에게 모든 일을 전적으로 맡기다시피 했다. 그곳에서 일한 지 3년쯤 됐을 무렵 사장님이 그녀에게 이런 제안을 해왔다.

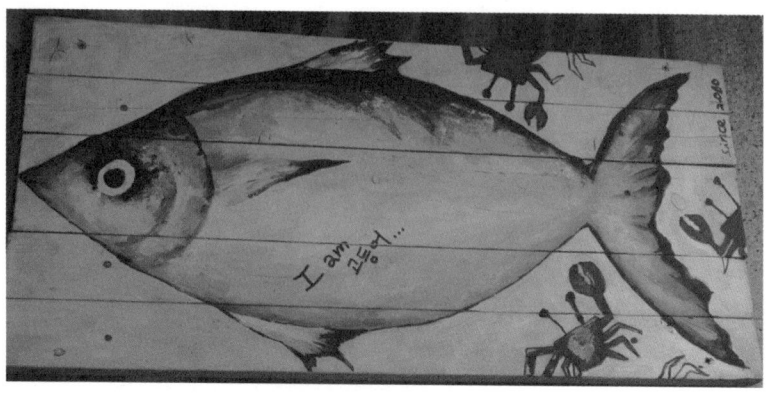

"식당을 인수해서 운영해 볼 생각이 없느냐?"

생각지도 않고 있던 그녀는 엄두가 나지 않아 망설일 수밖에 없었다. 사장님께서는 그녀가 아니면 안 된다면서 못을 박았다.

"다른 사람한테는 절대로 안 준다."

그녀를 믿고 도와주려는 그 마음이 고마웠다. 무엇이든 도전하지 않으면 이룰 수 없을 거라는 생각으로 용기를 냈다. 서민촌을 인수한 후 안팎으로 손을 본 다음 바다삼치 문을 열었다.

⊙ 그녀 식당의 특색은 무엇보다 편하고 저렴하게, 맛있게 먹을 수 있는 집이라는 점이다. 술을 많이 마시는 사람도 1인당 만 원이면 배불리 먹을 수 있는 메뉴가 대부분이다. 닭볶음탕도 큰 닭을 사용하기 때문에 양이 아주 푸짐하고, 소주 한 병에 삼치 하나를 시켜 먹으면 9천 원밖에 되지 않고, 공깃밥도 얼마든지 더 먹을 수 있다. 그리고 그녀 식당만의 특별한 음식 비법은 없지만, '집에서 하는 음식처럼 내보내면 문제없다.'라는 생각으로 요리하기 때문에 맛도

좋다. 현재는 예전부터 삼치거리에서 같이 일해 온 동생과 함께 가게를 운영하며, 손님들에게는 항상 편안한 엄마 미소로 대한다. 식당이 깨끗하고 넓어 단체 손님 받기에도 제격이다.

◉ 정성껏 만든 음식을 맛있게 먹는 것만큼 고마운 일은 없다. 음식을 깨끗하게 비운 빈 그릇을 볼 때 그녀 기분은 이루 말할 수 없이 기쁘다.

◉ 장사가 제법 잘되는 걸 보고, 나도 하면 되겠다 싶어서 식당을 인수했다. 그런데 최근 들어 경기 침체가 계속되면서 문을 닫는 집들이 보인다. 삼치거리는 그래도 다른 데와 비교하면 낫다고 하지만, 이웃 가게에 불이 꺼지고 임대 메모가 붙어 있으면 마음이 아리고 쓸쓸하다.

신흥삼치

- 주인장 이름은 서종숙이다.
- 식당은 2013년부터 시작했다.
- 식당은 낮 12시에 문을 열어 새벽 1시까지 영업하고 있다.
- 괜찮은 메뉴는 삼순이 세트와 삼도리 세트이다.

◉　다른 곳에서 힘든 일은 하다가 큰 동생 권유로 막냇동생과 함께 삼치거리 식구가 되었다. 식당 일은 처음이라 여러 가지로 힘들었으나 이웃 식당의 조언과 도움으로 차츰 자리를 잡아 가고 있다. 같은 업종이 모여 있어서 경쟁이 치열할 것 같지만 이곳은 경쟁의식이 거의 없고 오히려 서로 도움을 주고받는 의외의 모습이다. 덕분에 그녀 같은 후발 주자도 마음 편하게 장사할 수 있다.

◉　음식 솜씨를 칭찬해 주고, 한 번 다녀가신 분이 다음에 다른 손님을 모시고 왔을 때 그녀는 가장 기쁘고 고맙다.

◉ 어쩌다 주사가 심한 손님이 올 때가 있다. 술 취한 손님이 그녀가 옆자리에 앉아 주기를 원하거나 이유 없이 트집을 잡을 때는 이 일을 계속해야 하나, 하는 회의가 들기도 한다. 그녀가 끝까지 반

 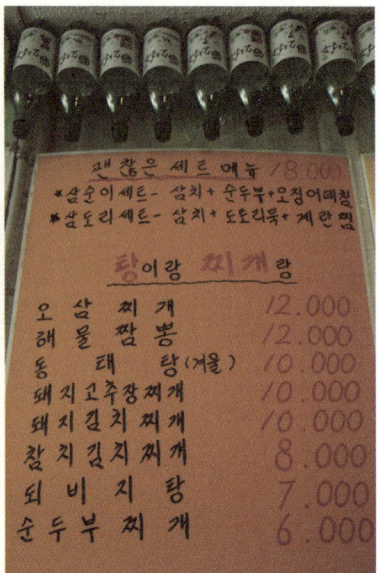

듯한 자세로 나가면 나중에는 사과하고 나가지만, 가끔은 서글플 때도 있다. 그럴 때마다 이웃 가게 선배의 위로가 큰 힘이 된다.

◉   이곳 밤거리는 다른 거리와 비교하면 상대적으로 어둑하다. 소박하고 포근한 분위기가 삼치거리의 장점인 것은 알겠으나 이웃 골목의 화려한 네온사인에 묻히는 기분이다. 거리가 조금만 더 밝았으면 좋겠다.

바람난3치

- 주인장 이름은 유영화이다.
- 식당은 2014년에 시작했으니 새내기이다.
- 문은 오후 2시에 열어 새벽 1시에 닫는다.
- 이곳에서 추천하는 메뉴는 삼치 세트이다.
- 주요 고객은 주로 중년층이다.

◉ 그녀 식당은 삼치거리에 접어들자마자 있다. 식당 이름도 재미있고 위치도 좋다 보니 오다가다 들르는 손님이 많다. 하지만 아직 손님의 절반은 예전 주인의 단골이다. 예전 주인이 터를 잘 닦아 놓았기 때문에 여러모로 도움이 된다. 40~50대 중년층이 대부분인 그녀 식당 손님들은 전 주인의 떠남이 아쉬워 한 잔, 새 주인에 대한 기대로 한 잔 하면서 오늘도 단골 자리를 이어 간다.

◉ 개업 첫날 찾아 주신 손님이 가장 기억에 남는다. 음식을 다 드신 손님이 밖으로 나가더니 꽃 한 다발을 사 가지고 왔기 때문이다.

"음식이 맛있으니 번창하실 겁니다."

이렇게 말하면서 꽃을 건네주고 갔다. 이 일로 개업 첫날 긴장과 피곤은 한꺼번에 싹 가셨다. 손님들에게는 맛있는 음식과 착한 가격이 최고의 선물이라는 걸 확실하게 깨달았다.

◉ 그녀는 아들만 둘이다. 둘 다 중학생으로 연년생이다. 바쁜 엄마라는 걸 알기 때문에 일손을 덜어준다면서 일찍부터 자기가 할 일은 자기가 알아서 하고 있다. 형제간에 우애도 좋다. 주말이면 식당에 나와 엄마를 돕기까지 한다. 그런 아이들을 보면 힘이 나고, 고생도 기쁨이다. 아이들이 잘 커서 정말 고맙다.

◉ 그녀는 음식 가격이 너무 착해서 남는 게 별로 없다고 말한

다. 생선을 손질하는 것부터 준비해야 할 것들은 무척이나 많은데, 고생한 것과 비교하면 결과가 조금 약한 듯하다. 그러나 어쩌랴, 이 거리가 손님들과 약속한 것을. 그리고 지금은 초창기이고, 또 모든 일을 혼자서 하다 보니 더 힘든 것 같다.

⊙ 그녀는 이 거리에서 새내기다. 시작한 지 겨우 3개월 되었다. 아는 것은 별로 없고, 오직 모르는 것투성이다. 이 거리의 선배님들이 닦아 온 길에 누가 되지 않도록 열심히, 또 열심히 일할 뿐이다. 그런데 좀 아쉬운 게 있다. 예전에는 상가 회원들끼리 모임도 자주 가
졌고, 단체 야유회도 자주 가서 돈독한 시간을 많이 가졌다고 들었다. 새내기로서 그런 시간이 빨리 왔으면 하는 바람이다. 아직은 적응하기도 바쁜 시간인지라 일일이 찾아뵙지도 못했고, 인사도 제대로 못 드렸다. 그런 시간을 통해 인사도 나누고 정도 쌓고 특별한 비법도 배우고 싶다.

제3장

그리고 동인천

사진, 인천광역시 중구청

동인천 이야기를 하기 전에

○─────

　서울에서 지하철을 이용해 여행하는 사람 대부분은 역사 기행과 맛 기행을 동시에 할 수 있는 대표적인 도시로 동인천만 한 곳이 없다고 말한다. '인천 당일치기 여행', '근대 역사의 흔적을 따라 떠나는 인천 개항누리길', '동인천으로 떠나는 추억여행' 등 언론에서 앞다투어 소개하듯이 동인천은 볼거리와 먹을거리가 아주 풍부한 도시로, 근래 들어서는 1일 관광으로도 크게 주목받고 있다. 이렇게 관광객은 점점 더 늘어나고 있는 추세이고, 이곳을 찾는 사람들은 특유의 예스럽고 여유로운 분위기를 가장 큰 매력으로 꼽는다.
　"볼 것도 많고 먹을 것도 많지만 무엇보다도 동네가 조용하고 한적해 좋다. 돌아다니다 보면 마음이 저절로 차분해진다. 복잡한 서울 거리와는 다른 묘한 매력이 있다."
　한때는 시간이 멈춘 동네라는 소리를 들었지만 지금은 이렇게 동인천만의 고즈넉한 분위기로 입소문을 타고 있는 것이다. 대한민국 수도 서울이 압축적인 개발을 거듭하는 동안 시간이 멈춰버린 공간으로 남아 있던 동인천, 비록 지금은 인천의 원도심 또는 구도심으로 취급받고 있으나 개항기부터 1980년대 말까지만 해도 인천 최고의 번화가로 영화를 누리던 동인천, 이곳이 뒤늦게 사람들의 관심을 끌고 있는 것이다.

　동인천은 1883년 개항과 동시에 외국인 거류 지역이 가장 먼저 들어서는데, 항구를 끼고 있는 이곳이 수도 서울과도 가까워 열강들이 발을 들여놓기 가장 쉬웠기 때문이고, 그래서 서구 문물이 들어오는 길목 구실을 하게 된 것이다. 개항과 더불어 유입되기 시작한 외래 문물은 인천 사회를 급격하게 변화시켰다. 인천에 조계가 형성되면서부터 여러 나라에서 온 외국인이 많이 거주하게 되었고, 학교와 병원, 서양식 주택과 건축 등이 속속 세워졌으며, 천주교와 기독교의 등장으로 전통적인 종교관도 바뀌기 시작했다.

　따라서 이 역설적인 공간 동인천에서는 국가나 시 문화재로 지정되어 있는 근대 건축물을 어렵지 않게 찾아볼 수 있다. 르네상스식 석조물인 일본 제1은행과 일본 18은행, 프랑스 양식을 띤 일본 58은행, 근대식으로는 한국 최초인 인천기상대, 제물포구락부, 각국 조계

인천우체국

사진. 인천광역시 중구청

지 계단, 한미수교 100주년 기념탑, 대한성공회 내동교회, 내리교회, 답동성당, 인천우체국, 홍예문 등 다양한 건축물이 다양한 장소에서 자리를 굳건히 지키고 있다. 또한 물류 운송을 독점하기 위해 세운 일본우선주식회사, 인근의 창고를 개조해 만든 인천아트플랫폼, 각국 조계지 중앙부에 만들어진 한국 최초의 서구식 공원 자유공원 등은 근대 격동의 세월을 품은 채 인천을 지켜보고 있다.

아키플랜 종합건축사사무소가 낸 자료를 보면, 인천문화원 건물 등 250여 동이나 남아 있는데, 이 가운데 보존할 만한 가치가 있는 건물은 50여 동으로 추산된다. 동인천을 길거리 박물관이라 부르는 이유이다.

내리교회

이렇게 동인천은 1883년 개항 이후 1980년대까지 100여 년을 번성하다가 1990년대 도심 재개발에 밀리기 시작하면서부터 급속하게 쇠락한다. 그래서 이곳은 영화롭던 근대와 낙후된 현대가 공존하는 도시로, 근대 역사와 문화는 씨줄로, 서민들의 고단한 삶은 날줄로 엮여 있어서 여행자의 흥미를 자극하는 것이다.

우리가 동인천이라고 말하는 곳은 행정구역상으로 내동, 경동, 용동, 인현동, 전동 등 동인천역 일대를 말하지만, 나는 여기서 행정구역상 동인천뿐만 아니라 동인천역을 중심으로 한 동구와 중구 일대를 포괄적으로 소개하고자 한다. 우리나라 사람한테 인천에서 가장 가보고 싶은 곳을 꼽으라면 단연 1호선 동인천역에서부터 종점 인천역을 아우르는 동구와 중구 일대를 꼽을 터이니 말이다.

동구에는 만석동, 화수동, 화평동, 송현동, 송림동, 금창동이 있고, 이곳을 대표하는 명소로는 배다리거리, 창영초등학교, 양키시장, 수도국산달동네박물관, 괭이부리마을, 화도진, 만석부두, 화수부두, 그리고 화평동 냉면골목, 송현동 순대골목 등이 있다.

중구에는 신포동, 연안동, 신흥동, 도원동, 율목동, 동인천동, 북성동, 송월동, 영종동, 운서동, 용유동이 있으며, 섬으로는 무의도, 실미도, 영종도가 있으며, 명소로는 내리교회, 답동성당, 인천 성공회 내동교회, 인천 감리회, 자유공원, 일본 은행거리, 인천아트플랫폼, 한국근대문학관, 역사 문화의 거리, 차이나타운, 짜장면박물관, 삼국지벽화거리, 한중문화관, 신포 문화의 거리, 신포시장, 인천 개항장, 근대건축전시관, 인천개항박물관, 북성포구, 월미도, 연안부두, 그리고 삼치거리 등 나름의 의미와 가치를 간직한 명소들이 수두룩하다.

하지만 이번 제3장에서는 이 많은 명소를 일일이 다 설명할 수 없으니 부득이하게 몇 곳만을 선별해 담았다. 인천 토박이가 특히 자긍심을 가지고 내세우는 곳과 여행자들이 유독 관심을 두는 곳을 골라 중점적으로 소개하고자 한다. 그럼 지금부터 본격적으로 동인천을 소개해 보겠다.

인천 토박이의 향수를 자극하기에는 동인천만 한 곳이 없다. 인천에서 나고 자란 중·장년층에게 추억에 관해 물으면 으레 나오는 대목이 바로 동인천과 관련된 이야기이기 때문이다. 그들의 동인천 사랑은 때와 장소를 가리지 않는다. 동인천 얘기만 나왔다 하면 메말랐던 감성에 단비라도 맞은 듯이 금세 촉촉하게 젖어들고 만다. 때로는 밥상 위에서 때로는 술잔 속에서 추억과 그리움이 뭉게구름처럼

피어오른다. 그럼 도대체 '동인천'이라는 세 글자 안에 무엇이 담겨 있기에 인천 사람들은 저리도 아련한 표정을 지으며 추억 속으로 빠져드는 것일까. 그 이유는 인천 토박이라면 누구라도 동인천에 대해 가슴 싸한 추억을 한 가지쯤은 가지고 있기 때문이리라.

"인성여중, 인성여고, 제물포고 학생들이 빡빡하게 올라가던 홍예문길이 이렇게 좁은 골목이었다는 것에 새삼 놀랐다."

"자유공원에 올라가 계단 한쪽에 앉아서 술 마시며 생음악으로 신 나게 놀던 때가 그립다."

이렇게 생에서 가장 빛나던 시절의 추억을 하나씩 꺼내 드는 중년을 보고 있노라면 그 애잔한 눈빛에 감염되지 않을 수 없고, 그래서 옛 동인천의 풍경이 손에 잡힐 듯이 눈앞에서 아른거린다. 수십 년 전 이야기를 하는데도 불구하고 묘사가 얼마나 구체적이고 사실적인지, 그만큼 그 시절에 대한 향수가 짙다는 얘기가 되겠다. 이야

연안부두

사진. 인천광역시 중구청

기 속에 등장하는 장소는 대부분 문화의 거리 신포동과 인천의 관문이었던 동인천역을 중심으로 전개된다.

신포동은 패션 1번지로 명성을 날렸고, 동인천역 일대는 먹자골목과 지하상가로 유명했는데, 동인천 지하상가를 몇 번만 왕복하다 보면 웬만한 얼굴은 거기서 다 만날 수 있었다고 전한다. 홍예문 옆에서 태어나 동인천에 있는 초등학교를 거쳐 도원동에 있는 중학교와 답동에 있는 고등학교를 나온, 자타가 인정하는 동인천 아이 '내동일번지' 님은 당시를 이렇게 반추했다.

"옛 동인천 광장에서 신포동 쪽을 바라보면 동인천은 두 쪽으로 나뉜다. 왼쪽은 70~80년대 황금기를 거쳤던 청춘의 배출구이고, 오른쪽은 80년대 올림픽을 향유하며 전성기를 보낸 낭만 아지트이다. 인천 사람은 그 어느 쪽이든 추억을 가지고 있으리라."

제물포고등학교, 인천여고 등 많은 학교가 밀집되어 있던 동인천역 주변은 대한민국에서 가장 길다는 지하상가가 있었고, 또 인천 교통의 중심지였던 덕분에 항상 사람들로 들끓었다. 사람이 끓자 놀거리와 먹을거리가 잇따라 생겨났고, 사람은 책을 만들고 책은 사람을 만들 듯이 이 거리에서는 사람이 놀 거리를 부르고 놀 거리는 또 사람을 불렀던 것이다. 호프집과 커피숍, 음악다방, 분식집, 콜라텍뿐만 아니라 팝부터 클래식에 이르기까지 인천의 대중문화를 이끄는 모든 요소가 이곳으로 집합해 주말 밤을 수놓았고, 피 끓는 청춘들은 불나방처럼 모여들어 자신을 불태웠던 것이다. 동인천 얘기만 나오면 자동으로 충전된다는 한 인천 시민의 말이다.

사진. 인천광역시 동구청

화도진지

"중·고등학교 시절, 동인천역 주변은 한마디로 우리들의 놀이터였어요. 옷, 먹을 것, 커피숍, 술집 등이 모두 이 동네에 있었지요. 주말만 기다렸어요. 애관극장에 가서 영화도 보고, 신포동에서 맛있는 것도 사 먹고, 지하상가에서 쇼핑도 하고, 그야말로 먹고 마시고 춤추기를 다 여기서 해결했으니까요. 거긴 진짜 우리 10대들의 천국이었어요."

그러나 영광의 시간은 90년대를 기점으로 제자리에서 멈춰 서고 말았다. '새옹지마'란 인생사만을 두고 하는 말이 아니었다. 오르막길이 있으면 내리막길도 있다는 말처럼 동인천도 그런 짝이 나고 말았다. 1990년대 신규 택지개발지구가 조성되면서 기존 상권보다는 새롭게 떠오르는 상권, 즉 남동구 구월동과 만수동이 중심 상권으로 자리 잡기 시작했으며, 인천시청 같은 관공서도 남구로 이전하면서부터 동인천 상권은 눈에 띄게 위축되고 만다. 이어서 신도시 발달로 중심 상권이 점차 주안, 부평, 구월동 등으로 이동하고, 그 많던 학교도 새로운 터를 찾아 둥지를 떠나자 동인천은 그때부터 호시절을 뒤로하고 본격적인 쇠락의 길을 걷게 된다.

결정적인 타격은 1999년 10월 30일에 발생한 인현동 호프집 화재사건이었다. 이날은 당시 제물포고, 선인고, 인천고 등 인천 시내에 위치한 고등학교의 축제가 끝난 날로, 학교 축제를 마친 고등학생들은 그 흥을 이어가기 위해 인현동에 있는 호프집으로 몰려갔다. 그런데 거기에서 그만 불이나 안타까운 젊은이 52명이 숨지고 70여 명이 중경상을 입는 대형 참사가 일어나고 말았으니, 이 화재사건을 끝으로 동인천 상권은 완전히 무너져 내리고 만다.

이제 동인천은 예전의 그 동인천이 아니다. 교복 세대의 아련한 추억은 추억 속에서만 머물게 되었다. 90년대 신도시 개발로 사람들이 대거 외지로 빠져나가면서 동인천의 영화도 자연스럽게 빠져나가 도시와 사람이 함께 늙어가는 상황이 되어 버렸다. '산천은 의구하되 인걸은 간데없다'는 야은 길재의 시처럼 동인천역을 가득 메웠던 사람들은 뿔뿔이 흩어졌고, 그들의 추억이 담긴 거리와 건물만이 을씨년스러운 모습으로 그 자리를 지키고 있다.

"이 동네는 정말로 옛날 그대로인 곳이 많아. 추억 찾기 놀이를 하기엔 그만이다."

누군가가 애정이 듬뿍 담긴 표정으로 이렇게 말했다가 한바탕

욕을 얻어먹었다는 이야기는 현재 동인천이 얼마나 초라해졌는가를 잘 말해주는 대목이다. 타국살이 30년 만에 동인천을 다시 찾았다는 한 중년은 허탈한 표정을 지으며 말을 잇지 못했다.

"까까머리 시절, 친구들과 함께 놀았던 거리를 거닐면서 내내 마음이 착잡했습니다. 한마디로 오랜만에 만난 친구가 자신보다 한 10년은 더 늙은 얼굴을 하고 나타났을 때 받는 당혹스러움과 안쓰러움 같은, 그런 기분이었습니다. 동인천이 왜 이 지경이 되었을까요?"

정말 왜 이 지경이 되었을까. 인천 토박이들은 시간이 멈춰버린 동인천의 모습을 안타까워하며 옛 영광을 추억하지만, 그러나 결코 가만히 앉아서 추억만 곱씹지는 않았다. 대다수가 세상 탓 세월 탓을 하는 동안에도 누군가는 일어나 움직이고 있었다. 그들은 인천시장도 아니요, 중구나 동구 구청장도 아니요, 유명한 사회운동가도 아니었다. 그들은 동인천이 잘 나가던 그때 그 시절부터 지금에 이

역사 문화의 거리

사진. 인천광역시 중구청

르기까지 항상 그 자리에서 땀 흘리며 살아가는 평범한 시민이었다.

누군가는 퇴근 후에, 누군가는 주말을 이용해, 그리고 또 누군가는 살림하는 틈틈이 지역을 위해 봉사한 것이다. 그렇다면 그들이 하는 일은 도대체 무엇일까. 다양하다. 누구는 문화 전도사가 되어 동인천이라는 동네의 숨은 매력을 소개하는 데 앞장서고, 누구는 문화 지킴이가 되어 곳곳에 산재해 있는 근대 건축물이 훼손되지 않도록 감시의 눈을 번뜩인다. 이렇게 그들은 동인천의 모습을 지키고 위해 노력하고, 또 버려진 역사 유산을 '내일의 관광 자산'으로 키우기 위해 노력한다. 인천 중구를 대표하는 카페 '인천 중구를 사랑하는 사람들'을 운영하는 조준상 씨에게 물었다.

"회원들의 그런 열정은 어디에서 나오는 거죠?"

그의 대답은 간단했지만 명료했다.

"고향 사랑이죠."

그리고는 한참이나 있더니 이렇게 덧붙였다.

"인천 중구에는 근현대사의 자취를 엿볼 수 있는 문화유산이 아주 많습니다. 비록 수탈로 얼룩진 문화유산일지라도 나름대로 역사적 가치를 지닌 것인데, 그것들이 당국의 무관심 속에 언제 사라질지 모를 위기에 놓여 있습니다. 이미 한국 최초의 호텔인 대불호텔, 한국 최초의 근대식 기상 관측소인 인천관측소 등 많은 근대 유적지가 역세권을 중심으로 불어온 개발 과정에서 사라져 버리고 말았습니다. 격동의 세월을 함께 견뎌 온 문화유산이 개발이라는 명분으로 하나둘씩 허물어져 가는 걸 지켜보면서 내 고향은 내가 지켜야 한다는 자각이 자연스럽게 싹터 오른 거죠."

　그들은 지금 이 순간에도 보이지 않는 곳에서 동인천의 역사를 만들어 가고 있다. 그들이 있는 한 동인천은 외롭지 않다. 그런 노력의 결과일까. 몇 년 전부터 동인천의 근대 문화와 역사를 재조명하는 작업이 활발하게 진행되고 있으며, 주말마다 동인천을 찾는 외지인의 발걸음도 계속 이어지고 있다.

배다리

○——

　배다리는 '인천의 태반'이라 불리는 곳으로 1883년에 인천항이 개항하자 이곳에서부터 근대 문화가 태동한다. 배다리라는 지명은 행정적인 지명이 아니다. 그래서 배다리의 공간적 범위를 딱히 어디서부터 어디까지라고 못 박아 말하기는 어렵다. 현재 지명을 놓고 말한다면, 동인천역과 도원역 사이에 있는 동구 금곡동, 창영동, 송림동 일대라고 말할 수 있겠다. 찾아가는 길은 쉽다. 지하철 1호선을 타고 도원역 2번 출구로 나와 창영초등학교 방향으로 가면 되고, 동인천역에서 내려 1번 출구로 나와 도원역 방향으로 걸어가도 된다.

　배다리라는 이름은 배가 닿는 곳이라는 뜻으로 인천의 지명 유래에는 이렇게 쓰여 있다.

　'19세기 말까지 이곳에 큰 갯골이 통해 있어서 만조 때가 되면 바닷물이 들어왔는데 배를 댈 수 있는 다리가 만들어지면서 배다리라는 이름을 얻었다.'

　1876년에 강화도조약이 체결되면서 인천은 부산, 원산의 뒤를 이어 1883년에 세 번째로 개항하고, 그 결과 우리나라 최초로 근대

배다리, 1953년 추정

화 과정을 겪는 도시가 되었다. 근대의 길목에 서 있던 배다리 또한 숙명처럼 민족의 애환을 가슴에 묻고 외국의 새로운 문명과 문화를 받아들인다.

    마을이 형성된 것은 개항장에 주둔한 일본군에 의해 인천항에서 쫓겨난 조선인들이 배다리에 모여 살기 시작하면서부터이다. 터전을 빼앗긴 설움에 가난의 설움까지 더해졌지만 조선인들은 더 이상 물러나지 않고 배다리에서 억척스럽게 뿌리를 내리고 삶을 이어 나갔다. 그렇게 마을이 형성되자 밀물 때면 긴 갯고랑을 타고 작은 배들이 들어왔고, 그 배가 싣고 온 해산물과 인근 농산물로 말미암아 주변에는 큰 시장이 형성되기 시작했다. 시장은 사람들을 불러들였고, 사람들은 다시 시장을 키웠다. 뒤이어 학교와 공장이 들어섰다.

1892년에는 한국 최초의 사립 초등교육기관 '영화학당', 1897년에는 한국 최초로 철도 공사가 시작된 '우각역', 1907년에는 인천 최초의 공립학교이자 훗날 인천에서 3·1만세운동이 처음으로 일어나는 '창영초등학교', 1917년에는 국내 최초의 성냥 공장 '조선인촌', 1920년대에는 인천을 대표하는 막걸리를 제조하던 '인천양조장', 그리고 1960년~1970년에는 인천 시민에게 인기 최고였던 아이스케이크 공장 '창영당', 중앙시장 한복거리, 그릇시장, 양키시장 같은 명물

이 헌책방과 함께 배다리에서 터줏대감 노릇을 했다. 한국전쟁 이후에는 고향을 잃은 피란민이, 1970년대에는 일자리를 찾아 흘러든 노동자들이 이곳 배다리에서 옹골진 삶을 이어 나갔다.

금창동 헌책방 거리의 역사는 한국전쟁 직후인 1953년으로 거슬러 올라간다. 폐허가 된 거리에 리어카 책방이 하나둘씩 모여들면서 '책방 골목'이 형성되기 시작한다. 해방 전에 서양문물이 쏟아져 들어왔던 인천에는 귀한 외국 서적도 풍부해 전국 각지에서 온 이용객으로 줄을 이었다. 특히 새 학기가 시작되는 3월에는 교과서와 참고서를 사고파는 학생들이 줄을 서서 기다리곤 했다.

"인천에서 중·고등학교를 다녔다면 학창 시절에 참고서 산다며 돈 타서는 이곳 배다리 헌책방에 와서 중고 참고서 사고 남은 돈으로 건너편에 있는 양키시장으로 달려가 빨간 책을 산 추억, 갑자기 용돈이 필요할 때는 가방에 들어 있던 영한사전 집어 들고 헌책방 골목을 오가던 추억, 누구나 한 번쯤은 있지요."

이렇게 배다리는 개항기 인천의 문화유산과 서민의 고단했던 삶의 흔적이 공존하는 특별한 공간이 되어 한 시대를 풍미했다. 그러나 시대를 주도했던, 서민들 삶의 중심지였던 배다리 또한 변화의 무게를 이기지 못하고 서서히 주저앉고 만다. 인천시가 낙후된 구도심 여러 지역에서 전면 철거 방식으로 도시재생사업을 전개했기 때문이다. 열악한 주거 환경을 쾌적하게 바꾸고, 낙후된 삶의 질을 개선한다는 도시재생사업은 본래 취지에 부합하지 못하고 정작 삶의 질을 떨어뜨리는 경우가 허다했다. 배다리 또한 그 전철을 고스란히 답습해야 하는 시련에 봉착하고 만다.

    송도경제자유구역과 청라경제자유구역을 남북으로 연결하기 위한 정책의 산물인 관통 도로는 오랜 시간에 걸쳐 축적된 도시의 역사적, 문화적 의미를 파괴했을 뿐만 아니라 배다리 사람들의 삶마저도 통째로 흔들어 놓고 말았다. 개발이 진행되면서부터는 주민들의 의견 또한 찬성과 반대쪽으로 첨예하게 나누어져 깊은 골이 생기기도 했다. 개발과 보존이라는 갈림길에서 다툼이 멈추지 않는 문제의 도시가 되어버린 것이다.

    삶의 터전을 잃어버린 사람들이 하나둘 배다리를 떠나자 거리에 남은 건 빈 가게뿐이요, 나오는 건 한숨뿐이었다. 한때는 40여 개에 이르렀던 헌책방도 '집현전', '아벨서점', '나비날다' 등 겨우 대여섯

창영초등학교

사진. 인천광역시 동구청

곳만 살아남아 그 명맥을 유지하고 있고, 그마저도 평일에는 서너 군데가 문을 닫아 썰렁함을 더해 갔다. 시인으로, 교육자로, 그리고 인천의 시민운동가로 살아가고 있는 신현수 선생은 그의 여섯 번째 시집 『인천에 살기 위하여』에서 사라진 것들에 대한 그리움과 잃어버린 것에 대한 속상함을 통렬하게 쏟아내고 있다.

-상략-
김구 선생이 옥살이를 하던 곳
인천감리서 터로 가니
감리서 터는 말할 것도 없고
곽낙원 여사가 머물며 아들 밥해 주던 집도
아무런 흔적도 없이 싹 밀어버린 일이 못내 아쉽고
-하략-

멈춰버린 시계추처럼 한동안 모든 것이 정지되어 있던 마을에 새로운 숨을 불어넣고, 개발이 할퀴고 지나가면서 생긴 상처를 보듬기 시작한 건 2007년부터이다. 개항기부터 지금까지 100년이 넘도록 쌓인 추억과 역사가 사실상 사라질 위기에 처하자 '배다리를 지키는 인천시민모임' 박상문 상임대표를 비롯해 최원식 인하대 교수, 지용택 새얼문화재단 이사장, 김윤식 인천문화재단 대표 등 시민 단체와 지역 주민, 그리고 성직자들이 나서서 산업도로 건설을 반대하며 저항하기 시작했다. 특히 '스페이스 빔', '퍼포먼스 반지하', '플레이캠퍼스' 등 문화 예술인들은 거주지까지 이곳으로 옮긴 다음 주민들과 마을 축제를 여는 등 크고 작은 문화 행사를 이어가며 배다리를 지키는 데 온 힘을 쏟았다.

배다리의 유구한 역사와 문화에 감명을 받았는지 아예 배다리로 들어와 살면서 예술을 매개로 지역과 연대해 활동하고 있는 '스페이스 빔' 민운기 대표, '기억과 새로움의 풍경'이라는 공공미술 프로젝트를 기획해 허물어져 가는 담을 고치고 벽화를 그려 넣는 등 동네를 새롭게 꾸미고 있는 '퍼포먼스 반지하', 동인천의 역사와 문화적 가치를 지키기 위해 동구와 중구를 걷는 인천발품을 기획해 일 년에 두 번씩 꾸준히 발품 행사를 이어 오고 있는 '플레이캠퍼스' 장한섬 대표, 사진 책 도서관 '함께살기2'를 개관한 헌책방 전문가 최종규 씨, 서점 한편에 마련된 시집 전시관 겸 문화 사랑방에서 매달 마지막 주 토요일에 시 낭송회와 작가와의 만남 등을 진행하는 '아벨서점' 곽현숙 대표 등이 다윗이 되어 거대한 골리앗인 관공서를 상대로 치열한 싸움을 이어 나갔다.

하늘은 스스로 돕는 자를 돕는다고 했던가. 그들의 이런 노력 끝에 결국 시의 계획은 크게 변경되었다. 그러나 미술 대안 공간 '스페이스 빔' 민운기 대표는 여전히 긴장의 끈을 놓지 않고 있다. 민운기 대표는 한 매체와 인터뷰에서 이렇게 말했다.

"배다리의 싸움은 아직 끝나지 않았다. 산업도로가 마을을 관통하는 폭력은 막아냈지만, 여전히 효율과 편리, 속도라는 이름으로 배다리로 다가오기에 배다리가 안녕하지 못하다."

처음 배다리를 관통하는 산업도로를 저지하기 위해 결성된 '배다리를 지키는 인천시민모임'은 몇 년 후 '배다리를 가꾸는 인천시민모임'으로 바뀌었고, 그 조직은 다시 '배다리 역사문화마을 만들기 위원회'로 발전했다. '플레이캠퍼스' 장한섬 대표는 이러한 움직임을 다음과 같이 평가했다.

"투쟁에서 살림으로, 보존에서 창조로 무게 중심을 옮긴 것이다."

배다리의 다음 여정이 몹시도 궁금하다.

인천양조가 있던 자리, 현재는 스페이스 빔

수도국산달동네박물관

○———

　인천시 동구 송림동에 가면 수도국산달동네박물관이란 곳이 있다. 산동네였던 송림동과 송현동 일대를 재개발하면서 근린공원과 함께 조성된 시설로 1960~1970년대 달동네 서민의 생활상을 그대로 재현한, 체험 중심의 전문 박물관이다. 동인천역 4번 출구로 나가 20분 정도 걸어가면 솔빛마을이라는 대단위 아파트 단지가 나오고, 그 아파트 뒷산 꼭대기에 박물관이 있다.

　'달동네'는 높은 산자락에 자리 잡고 있어서 달이 잘 보인다는 의미를 지니고 있다. 하늘 아래에서 가장 먼저 달을 맞는 동네인 셈이다. 한국전쟁으로 인한 피란민에게 무허가건축지대를 지정해 살게 한 것을 시작으로 해서 1960년대 이후 급격한 이농으로 인해 생긴 도시 저소득층을 집단으로 도시 외곽에 있는 구릉지대로 이주시킴으로써 만들어진 마을이다.

　그렇다면 수도국산은 어떻게 인천을 대표하는 달동네가 되었으며, 또 어떻게 달동네 박물관으로 거듭나게 되었는가? 그 과정이 궁금하다면 500원을 낼 게 아니라 수도국산달동네박물관 도록을 읽어

사진. 인천광역시 동구청

수도국산달동네박물관

보면 된다. 박물관 도록에는 우리가 궁금해하는 그 모든 이야기가 아주 상세하게 기록되어 있다.

    수도국산의 원래 이름은 산에 소나무가 많다고 하여 붙여진 송림산 또는 만수산이다. 일제강점기 때 일본인에게 상권을 박탈당하고 중국인에게는 일자리를 빼앗긴 조선인들이 수도국산 언덕길로 찾아들면서 이 달동네의 역사가 시작되었다. 행정구역으로는 인천시 송림동이지만 인천 사람들은 이 일대를 '수도국산'이라 부른다. 그 이유는 이 야트막한 산 정상에 수도국(水道局)이라 불리던 배수지가 있었기 때문인데, 송림산이 수도국산으로 불리게 된 내력을 인천 문화 연구가이자 문화 해설사 '나우시카' 님에게 자세히 들어보았다. 이

송현동 제수변실

름이 바뀐 까닭은 근대 개항기 인천의 역사와 깊은 관련이 있었다.

"구한말 인천뿐만 아니라 함께 개항한 부산, 원산, 목포 등도 인구가 집중되기 시작하면서 자연히 물이 부족하게 되었습니다. 인천은 본래 우물이 적을 뿐만 아니라 수질 또한 나빠서 개항 이후 증가한 인구와 선박으로 물 확보가 큰 고민이었어요. 이 때문에 일제 통감부의 강압에 의해 한국 정부는 1906년 탁지부에 수도국을 신설하고 인천과 노량진을 잇는 상수도 공사에 착수했지요. '수도국산'이라는 명칭은 이곳에 수돗물을 담아두는 배수지를 설치하면서 생겼습니다. 수도국산달동네박물관 부근에는 이때 만들어진 배수지가 남아 있어 아직도 일부를 사용 중인데, 이것은 우리나라 최초의 수도시설로 역사적인 장소입니다."

아주 옛날 수도국산 달동네

수도국산이 전형적인 인천의 달동네로 자리 잡은 건 한국전쟁 이후이다. 한국전쟁으로 말미암아 고향 잃은 피란민들이 인천으로 대거 몰렸으며, 1960~1970년대에는 산업화와 함께 전라도, 충청도 지역 사람들도 일자리를 찾아 이곳으로 몰려들었다. 주거할 공간이 턱없이 부족하자 산꼭대기까지 작은 집들이 들어차면서 마침내 181,500제곱미터(5만 5천여 평) 규모의 수도국산 비탈에 3천여 가구가 다닥다닥 모여서 살게 되었다. '플레이캠퍼스' 장한섬 대표의 다음 설명을 들어보면 그때 상황이 구체적으로 다가올 것이다.

"중구와 동구는 도시 형성의 배경이 많이 다릅니다. 20세기 초 중구는 시청, 은행, 호텔이 있는 정치와 금융 권력의 중심지였다면 동구는 호텔에 식자재를 납품하는 푸줏간과 달동네가 있었지요."

옛날 수도국산 달동네

　달동네 생활이란 결코 호락호락한 삶이 아니다. 1980년대에는 텔레비전 일일연속극 〈달동네〉가 큰 인기를 누리면서 사람들의 관심을 끈 적이 있다. 어려운 처지였지만 서로 보듬고 살아가는 사람들의 모습을 보며 달동네를 다소 낭만적으로 생각하는 사람들도 많았으나 실제 생활 모습은 드라마보다 훨씬 더 차갑고 혹독했다.

　그때 당시 수도국산 달동네 사람들의 삶이 어떠했는지를 묘사한 글이 있다. 인천의 오래된 골목을 샅샅이 누비며 인천의 파란만장했던 근현대 역사를 깊숙이 들여다본 월간 『굿모닝 인천』 유동현 편집장이 쓴 글이다. 그가 장장 십 년이나 발품 팔아 곡진히 담아 놓은 『골

사진. 인천광역시 동구청

수도국산달동네박물관

목, 살아(사라)지다』에 실린 내용이다.

　'동구 송현동은 가깝게는 산을 품고 있고 멀리는 바다를 끼고 있다. 송현동 사람들은 바다를 공장에 내주고 산으로 들어와 살았다. 전쟁에 밀려서 정착한 산등성이의 삶은 늘 고달팠다. 비탈길만큼이나 그들의 삶도 비탈졌다. 송현동 사람들은 난민 아니면 빈민 사이의 구차한 삶을 이어갔다. 그 삶을 처절하게 지탱시켜 준 것은 그 산, 수도국산이었다. 수도국산은 그들에게 어머니 품이었다. 산이기에 앞서 그들과 함께 먹고 자고 숨 쉬는 삶의 터전이었다. 송현동 사람들은 하루의 고단한 등짐을 내려놓고 밤새 그곳에 기대어 있다가 다음 날 새벽에 다시 고갯길을 내려가 전쟁터 같은 삶의 현장으로 향했다. 그 산은 따로 존재하는 공간이 아니라 그들 신체의 일부와 같은 존재였다.'

수도국산 달동네의 생활을 좀 더 들여다보기 위해 이번에는 소설 한 편을 살펴보자. 80년대, 청춘의 한가운데를 인천 달동네에서 보낸 노동자 소설가 방현석의 단편『내일을 여는 집』에 나오는 내용이다.

'가파른 송림동 비탈길을 성만은 천천히 걸어 올라갔다. 언제나 불이 꺼진 창, 그놈의 봉제 공장은 10년 전이나 지금이나 잔업 없는 날이 없었다. 그나마 월, 수요일은 7시에 끝나던 아내는 12월 들면서 연말 선적을 맞춘다고 매일 10시가 넘었다. 골목 어귀에 들어서면 언제나 먼저 살펴보는 게 손바닥만 한 창이었다. 깜깜하게 꺼져

수도국산달동네박물관

있을 창을 생각하자 살을 에는 추위에도 발걸음이 빨라지지 않았다. 비닐봉지를 든 손끝이 시렸지만 창에 불이 켜질 때까지 오래 걷고 싶은 심정이었다. 셋방이나마 그래도 그에게는 이 세상에서 편히 등을 누일 유일한 공간이었다.'

달동네 아버지들은 주로 공장 노동자, 일용직 노동자, 잡역부, 배 타는 일을 했고, 어머니들은 공장, 파출부, 식당 일로 삶을 꾸려 나갔으며, 일터에 나갈 수 없는 각 가정에서는 성냥개비에 인을 붙이거나 성냥갑을 만들어 공장에 납품하는 일로 입에 풀칠이나 겨우 하고 살았다. 일회용 가스라이터가 보편화되기 전까지는 성냥갑을 만드는 일이 이 지역의 절대적인 수입원이었다. 하인천 부둣가를 무대로 살아가는 도시 빈민 이야기를 어린아이 노마의 눈으로 그려낸 현덕의 소설 『남생이』를 보면 일제강점기 때 빈한한 달동네 사람들이 입에 풀칠이라도 하기 위해 열심히 성냥갑을 붙이는 장면이 나온다.

수도국산 달동네가 어느 날 거짓말처럼 역사 속으로 사라지기 시작한 건 1982년 불량 주택 531채를 철거하면서부터이다. 1980년대 초, 전두환 정권 시절 도시재개발 정비사업 지시에 따른 조치였다. 그 후 아파트 3천여 가구를 짓기 위해 전국 최대 규모의 '송현지구 주거환경개선사업'이 본격 추진되었고 2001년까지 불량 주택 1,780동이 완전히 철거되었다.

개발 이익에 대책 없이 떠밀린 원주민은 머리에 띠를 두르고 외로운 싸움을 이어나갔지만, 결국 김광섭의 시 〈성북동 비둘기〉에 나오는, '성북동 산에 번지가 새로 생기면서 / 본래 살던 성북동 비둘

수도국산달동네박물관

기만이 번지가 없어졌다'는 비둘기처럼 하루아침에 삶의 터전을 잃고 뿔뿔이 흩어지고 말았다.

 물론 산비탈에 둥지를 틀고 근근이 하루하루를 버티어 가던 이름 없는 민초들의 보금자리가 재개발 아파트의 희생양이 된 것은 수도국산 달동네뿐만은 아니었다. 한때 130여 마을이나 되었던 서울의 달동네 또한 대부분 흔적도 없이 사라져 버렸고, 현재까지 남아있는 달동네는 성북구 정릉3동에 있는 복숭아밭골, 서대문구 홍제3동에 있는 개미마을, 노원구 중계본동에 있는 백사마을, 성북구 성북동에 있는 장수마을, 마포구 창전동에 있는 산동네, 강북구 삼양동에

수도국산달동네박물관

있는 산동네 등 손으로 꼽힐 정도이다.

100여 년간 서민의 보금자리였던 수도국산 달동네도 이제 기억의 저편이 되어 추억의 소재가 되고 말았다. 말 그대로 보고 싶어도 볼 수 없고, 가고 싶어도 갈 수 없는 곳이 되어 버린 것이다. 이제 그 옛 자취는 수도국산달동네박물관에서나 찾아볼 일이다.

달동네 박물관을 건립할 생각은 〈해반문화사랑회〉라는 문화 모임에서 처음으로 나왔다. 해반에서는 95년부터 인천 근대 건축물 보존이나 중국인 거리 활성화 등 여러 주제로 수십 차례나 문화포럼을 열어 인천 문화의 발전적 대안을 모색하였고, 그 결과 갖가지 문화

활동을 200여 차례나 펼치기도 했다. 그런 중에 수도국산 일대에 있던 집들이 1999년에 헐리기 시작하자 이를 아쉬워하던 김철성 시인 등 몇몇은 달동네를 주제로 하는 박물관을 만들면 좋겠다는 의견을 모았고, 구청 관계자들과 머리를 맞대고 지혜를 짜낸 결과, 박물관 건립이 실행에 옮겨졌던 것이다.

수도국산달동네박물관의 가장 큰 볼거리는 달동네를 통째로 옮겨놓은 것 같은 거대한 전시장이다. 전시장 한쪽에 아예 동네 하나를 통째로 만들어 놓았는데, 시간은 1971년 11월 어느 날 저녁 6시에 맞춰져 있다. 구멍가게, 연탄가게, 복덕방, 이발소 등이 있는 달동네 어귀 풍경을 비롯해 저녁이면 봉지쌀과 매듭지은 새끼에 꿴 연탄을 들고 가파른 산비탈을 오르는 사람의 뒷모습, 서로 어깨를 비켜줘야만 오갈 수 있었던 비좁고 긴 골목길 등 현실감 넘치는 모습까지 그때 그 모습 그대로 재현해 놓고 있어 발길을 붙잡는다. 아파트에서 태어나 아파트에서 자랐고, 여전히 아파트에서 생활하고 있는 도시인에게 꼭 권하고 싶은 탐방지이다.

괭이부리마을

괭이부리마을 또는 아카사키(赤崎)촌은 인천시 동구 만석동에 있는 쪽방촌의 별칭이다. 괭이부리마을이란 지명은 마을 앞바다에 고양이섬, 즉 묘도가 있었다고 해서 붙여진 이름이고, 아카사키는 일본말로 흙이 붉다는 뜻이나 지명에서는 그 말뜻과는 상관없이 큰 언덕이나 큰 동네를 가리키는 말이 되었다. 아카사키촌이란 지명은 일제강점기 때 인천항 만석부둣가 공장 노동자들이 집단으로 합숙하기 위해 지은, 언덕 위에 있는 112동짜리 쪽방촌으로부터 시작되었고, 괭이부리마을은 한국전쟁이 일어나자 황해도에서 내려온 피란민들이 이곳 아카사키촌에 집단으로 모여들기 시작하면서부터 자연스럽게 형성된 달동네이다.

하지만 만석동 사람들은 이곳이 괭이부리마을이든 아카사키촌이든 크게 개의치 않는다. 어차피 외지 사람들은 그냥 만석동 빈민촌, 혹은 판자촌, 더 나아가 쪽방촌으로 부르기 때문이다. 굳이 부연 설명을 하자면 이곳의 오랜 토박이들은 아카사키촌이라 부르고 비교적 젊은 층과 외지인, 그리고 공무원들은 괭이부리마을이라고 부른다.

인천에는 아직도 여러 지역에 크고 작은 쪽방촌이 있는데, 이 가운데 현재 사람이 가장 많이 사는 곳은 동구 만석동에 있는 달동네 괭이부리마을이다. 이곳은 바닷가 언덕에 위치해 있으며, 저소득층 밀집지역으로 주거 환경은 지극히 열악하고, 강산이 여섯 번이나 변하는 동안에도 크게 변한 게 없다. 그때 노동자들이 묵었던 일본풍 집들은 오랫동안 온간 풍상을 머리에 이고 아직도 골목 곳곳에 남아 있다.

그렇게 괭이부리마을에는 수도국산 달동네와 같이 한국전쟁 당시 피란민들이 하나둘씩 모여들었고, 1960~1970년대에는 산업화에 따른 이농민까지 합쳐지면서 인구는 급격히 팽창했다. 인구가 늘어나자 집도 늘어나 아스팔트 루핑으로 엉성하게 덮어씌운 지붕, 얇은 판자로 집 외벽을 이어 붙인 무허가 판잣집 등이 산등성이 비탈길을 빽빽하게 채우기 시작한다. 루핑은 바람이 조금만 강하게 불어도 금방 날아가 버리거나 더위에 쉽게 녹아 흘러내리기 때문에 여러모로 불편한 점이 많았으나 재룟값이 싸다 보니 달동네에서 즐겨 사용하는 재료가 되었다. 집 같지도 않은 집이었으나 손바닥만 한 판잣집이라도 짓고 들어앉은 사람은 그래도 행복한 사람이었다. 그마저도 안 되는 사람은 낮은 산에 토굴을 파서 살거나 거적때기 같은 걸 대충 걸쳐 놓은 움막에서 살아야 했다.

1960년대 후반까지는 목조 흙벽에 초가지붕, 혹은 루핑 지붕이 일반적이었지만 1970년대 새마을운동이 본격화되면서 지붕은 슬레이트로 바뀌었다. 부족한 주거 공간을 해결하기 위해 닥치는 대로 집을 짓고 살다 보니 주거 환경은 최악이 되었는데, 슬레이트와 판

사진. 화도진도서관

만석부두 옛 모습

자로 얼기설기 엮어 만든 집들은 바람구멍 하나 없이 다닥다닥 겹쳐 있어서 보기에도 숨이 막힐 지경이었다. 또 자식이 결혼이라도 하면 식구가 늘어나 기존의 공간을 쪼개거나 위나 옆으로 다락방을 덧대 올리다 보니 집과 집은 하나로 연결되는 기현상이 벌어지기도 했다.

안을 들여다보면 더 기가 막힌다. 아쉬운 대로 천막과 판자를 둘렀으나 여름에는 장맛비가 새어들고, 겨울에는 칼바람이 방안까지 몰아쳤다. 집도 워낙 비좁아 네 가족이 앉아 있으면 서로 무릎이 맞닿을 정도였다. 간신히 한 사람씩 통과해야 할 만큼 비좁은 골목길은 한낮인데도 불구하고 햇볕이 들지 않아 어두컴컴하고 음습하기 짝이 없고, 모르는 사람은 우범지대로 여겼는지 동네 가까이 오지도 않았다. 또 골목길에는 연탄과 엘피지(LPG) 가스통이 제멋대로 널려 있어서 화재의 위험으로부터 자유로울 수 없었고, 수도와 화장실은 공동으로 사용해야 했으므로 거동이 불편한 노인의 고충은 이만저만한 것이 아니었다.

이처럼 60년 넘게 고단한 역사를 이어 온 만석동 달동네가 시름을 털고 나름대로 활기를 되찾기 위해 움직인 것은 지난 2011년부터이고, 주민, 전문가, 시민단체, 공무원 등이 공동으로 참여해 지역 협의체를 구성한 것이 그 시작이다. 이 단체는 괭이부리마을 주거환경 개선사업을 기획하기 시작했는데, 마을의 문화와 공동체 정신은 살리면서 주거 환경을 바꾸는 방식으로 사업을 추진했다.

이 방식은 무허가 판잣집을 밀어 버리는 기존의 방식이 아니라 405가구의 터전을 지키는 '보전형 개발' 방식, 즉 낡은 집을 개량하는 동시에 영구임대주택 98세대를 쪽방촌에 건설해 주민들이 거주할 집을 선택할 수 있도록 하는 방식이었다. 저렴한 공공임대주택을 지어 원주민이 다시 살게 하고, 외부인에게는 입주 자격을 주지 않는다는 원칙도 세웠다. 이는 시민으로부터 획기적이고 신선한 발상이라며 높은 평가를 받았으며, 인천 원도심 활성화의 대표적인 성공 전략으로 꼽혔다.

지금은 판자촌을 철거한 자리 한쪽에 새로운 보금자리가 들어서 있다. 괭이부리마을 남쪽 언덕 위에 세워진 지하 1층, 지상 4층으로, 2동 98가구의 연립주택이다. 선택은 자유이다. 원하는 사람은 임대주택에 들어가 살고 원하지 않는 사람은 살던 집을 고쳐 그냥 살면 되는 것이다. 다만 임대주택에 들어가 살고 싶어도 월 2만~16만 원 하는 임대료를 내기 어려운 주민도 있고, 보증금 150~200만 원이 없어서 입주를 포기한 집들도 있다고 하니, 그것이 안타까울 따름이다.

물론 안타까운 건 이것뿐만이 아니다. 인천 동구는 잔여 부지에 공원 등 녹지 공간을 확충하고 쪽방촌에 사는 주민의 자활 능력을 키우기 위해 만석동 7번지 일대에 공동작업장 '희망키움터'를 만드는 등 남다른 노력을 기울이고 있으나 아직은 가야 할 길이 멀어 보인다. 405가구 700여 명 가운데 절반 이상이 아직도 33제곱미터보다 작

괭이부리마을

사진. 인천광역시 동구청

괭이부리마을

은 쪽방에 기거하며 하루하루를 힘겹게 연명하고 있기 때문이다. 또 1990년대로 접어들면서부터 희망을 찾지 못한 젊은이들이 마을을 떠나면서 노인들만 사는 동네가 되어 버린 점, 그래서 마을 골목길에서 아이들의 웃음소리가 사라졌다는 점도 안타까움 중의 안타까움이다.

고층 아파트와 거대한 공장 담벼락에 갇혀 섬처럼 고립되어 있던 괭이부리마을이 세상에 알려진 시기는 2001년 이후이다. 김중미 작가가 펴낸 『괭이부리말 아이들』이 베스트셀러가 되면서부터인데, 이 책은 권정생 선생의 『몽실 언니』, 황선미 작가의 『마당을 나온 암탉』과 더불어 어린이에게 가장 많이 읽히는 필독서가 되었다. 이 책은 이 마을에서 1987년부터 '기차길옆작은학교'라는 공부방을 운영하면서 지역 운동을 한 김중미 씨의 자전적 경험이 고스란히 녹아 있는 작품이다.

"괭이부리말은 인천에서도 가장 오래된 빈민 지역이다."

소설 첫 문장은 이런 말로 시작된다. 초등학교 5학년인 숙자와 숙희 쌍둥이 자매를 중심으로 만석동 빈민촌 괭이부리마을에서 살아가는 아이들의 모습을 담고 있는 이 소설은 부모와 학교의 무관심 등으로 말미암아 가정과 사회에서 소외된 아이들의 일탈과 성장을 생생하게 잘 그려냈다는 평을 받고 있다. 그리고 이 소설이 알려진 이후에는 소설의 배경이 된 장소를 눈으로 직접 확인하려는 듯이 한동안 독자들의 행렬이 이어지기도 했다.

20세기 한국 근현대사의 굴곡을 압축적으로 보여 주고 있는 만석동은 1900년 초까지만 해도 조선인끼리 옹기종기 모여 살던 한적한 바닷가 마을이었다. 만석동이 동인천의 다른 지역처럼 굽이치는 근현대사의 길로 접어든 건 1905년 7월로, 인천역 앞에서 여관을 운영하던 일본인 사업가 이나다 가츠히코(稻田勝彦)가 매립 허가를 받아 만석동 앞 갯벌 약 50만 제곱미터를 메우기 시작하면서부터이다.

조선인을 다 내쫓고 매립한 그 땅은 처음에는 공장이 들어설 예정이었다. 그러나 지반이 약해 공장이 들어서지 못하자 뜬금없이 술과 여자를 앞세운 위락 시설이 세워졌고, 그마저도 자리를 잡지 못하자 하릴없는 땅으로 방치되다가 결국엔 아무도 찾지 않는 황무지로 변하고 말았다. 이렇게 오랫동안 버려졌던 매립지 만석동이 들썩

만석동 보금자리주택

이기 시작한 건 1932년에 일본에 본사를 둔 동양방적(현 동일방직)이 들어오면서부터인데, 동양방적은 설립 당시부터 직공 3,000명, 임직원 60명이 주야 2교대로 일을 해야 할 만큼 규모가 큰 공장이었다. 그때부터 대규모 공장 지대로 변모한 만석동은 활기를 띠며 신천지로 급부상한다. 동양방적은 다른 공장보다 품삯이 상대적으로 높아서 조선인에게 인기가 많았고, 이후 전국에서 어린 여성들이 일자리를 찾아 이곳으로 몰려왔다.

당시 방적 공장의 실태와 부두 노동자의 생활을 구체적으로 묘사하여 도시 노동자들의 고달픈 삶과 식민지 조선의 현실을 적나라하게 보여 준 소설이 있다. 일제강점기의 대표적인 리얼리즘 소설로 평가받고 있는 강경애의 『인간문제』이다. 농촌을 떠나 공장 노동자가 되어 각성과 좌절을 겪는 1930년대 민중의 모습을 핍진하게 형상화한 강경애의 이 소설은 식민지 시대 최고의 노동소설로 꼽힌다.

이후 만석동은 1937년 6월에 광산용 기계 생산 업체인 조선기계제작소(현 두산인프라코어)가 설립되면서 더욱 활기를 얻고, 더불어 제물포도 항만시설 확장과 경공업 발달로 인해 인천 인구는 폭발적으로 늘어난다. 인천시사에 따르면 1897년 14,280명에 불과하던 인구가 1911년에는 32,701명, 1931년에는 63,655명, 1935년에는 82,977명으로 증가한 것으로 나타났다.

조선기계제작소가 군수공장으로 전환하면서부터는 만석동 또한 인구가 급격히 늘어난다. 잠수함을 진수하기 위해 독(dock) 신축 사업을 벌였고, 그곳에 투입된 인원만 해도 1,300여 명이나 되었다. 그래서 당연히 그들이 묶을 숙소도 필요했다. 판자를 엮어 만든 쪽방 112동이 낮은 비탈길에 촘촘히 들어섰고, 그 숙소를 중심으로 한국전쟁 후 아카사키촌 주거 지역이 형성된 것이다.

일제강점기 때 일본인들에 의해 오랫동안 유린당했던 만석동은 해방된 조국에서도 결코 편안하지 못했다. 노동자들의 기숙사였던 그 자리를 한국전쟁 뒤에는 황해도민의 정착촌으로, 1960~1970년대 산업화 시대에서는 농촌에서 이주한 노동자들의 거주지로 내주어야 했기 때문이다. 그래서 붙박이장처럼 붙어살던 이곳 사람들의 삶은 늘 고단할 수밖에 없었다. 남자들은 만석부두로 나가 고기를 잡거나 부둣가에 있는 판유리 공장, 대성목재 같은 공장에서 일했고, 여자들은 갯가에 나가 바지락을 잡거나 가까운 섬에 나가 굴을 캐는 등

만석부두

한순간도 일을 놓지 못하고 살아야 했다. 그러나 이처럼 부지런하게 살았으나 잘되어서 이곳을 떠났다는 사람은 극히 드물었다. 다음은 『괭이부리말 아이들』에 나오는 한 대목이다.

"하루하루 먹고사는 일로 바쁜 괭이부리말 사람들은 왜 이 동네 이름이 '괭이부리'가 되었는지 아무도 모른다. 다만 호기심 많은 아이들만이 포구와 똥바다를 하얗게 뒤덮은 괭이갈매기를 볼 때마다 '괭이부리말이란 이름은 저 괭이갈매기 때문에 생겼을 거야.'라고 생각할 따름이다."

근대화와 산업화로 말미암아 꿈을 가진 사람들이 몰려들 때는 수천 명의 사람이 모여 살았던 만석동 달동네! 이제 이곳은 정치인

북성포구

들이 유세할 때 연극의 한 장면처럼 손 한 번 잡아주며 왔다가 갔소, 하듯이 사진 한 장 찍는 코스로, '사랑의 연탄나눔봉사' 같은 영세민의 겨울나기 프로그램을 촬영할 때나 등장하는 존재로 변하고 말았다. 연말연시가 되면 각 단체에서 우후죽순처럼 몰려와 쌀과 연탄을 나눠주고는 사진 한 장 찍고 가버리는 곳이 되었다는 이야기이다.

　서울로 향하는 곡물을 만석이나 쌓아놓았던 곳이라 해서 만석이라는 이름이 붙었다는 만석부두 또한 처량하기는 매한가지였다. 1970년대 초까지만 해도 영종도를 왕복하는 정기선이 다녔고, 또 싱싱한 생선을 사려는 사람들로 북새통을 이루던 어시장도 있었다. 하지만 1980년 이후에 연안부두를 개발하면서부터 어시장은 이전하였고, 인근 부지도 공장 용지로 바뀌면서 어업도 점점 축소되어 그 명성은 사라지고 말았다. 어깨를 나란히 하고 있는 화수부두, 북성포구와 함께 이제는 추억의 명소로만 남았다.

지금 만석부두는 바다낚시 행락객이 즐겨 찾는 곳으로, 낚싯대로 옛 추억을 낚으려는 강태공의 쉼터로 쓰이고 있다. 만석부두 입구에는 생선 가게보다 낚시점이 더 많고, 공장으로 둘러싸인 포구에는 갈매기만 한가롭게 날아다닌다. 유동현 편집장이 쓴 『골목, 살아(사라)지다』에 나오는 대목처럼 참 쓸쓸한 일이다.

"광복 후 바다로는 피란민을 받아들이고 육지로는 농촌의 노동자들을 받아들인 만석동은 이제 할머니의 쪼그라진 젖가슴처럼 말라비틀어진 포구 하나를 가슴에 부여안고 그렇게 늙어가고 있다."

대한서림

알개들의 천국, 청춘들의 해방구로 불리던 동인천에 한겨울의 푸른 소나무처럼 홀로 우뚝 솟아 있는 건물이 하나 있었으니, 바로 인천을 대표하는 대한서림이다.

"대한서림 앞에서 만납시다."

이렇게 누군가는 동인천, 하면 바로 떠오르는 곳을 대한서림으로 꼽는다.

대한서림은 동인천역 1번 출구로 나와 보면 건너편에 있는 6층짜리 건물로, 1953년에 문을 연 이래로 1990년대까지 인천을 대표하고, 또 만남의 장소로 유명세를 탄 곳이다.

본디 대한서림은 현재의 6층 건물 옆에 있던, 작은 2층 건물에 불과했다. 현재 건물은 1970년대까지만 해도 문화의 전당이라 불리던 곳이다. 문화의 전당이라는 거창한 이름이 붙은 건 별다방, 별제과, 별음악감상실 등 당시 젊은이들이 즐겨 찾던 문화가 이 건물 안에 다 모여 있었기 때문이다. 1층과 2층은 별제과, 3층과 4층은 별다방, 그리고 5층에는 별음악감상실이 있었다. 문화의 전당이 서점으로 탈바꿈한 것은 1989년이다. 장인이 하던 책방을 이어받아 국내에서 손꼽히는 대형서점으로 키워 낸 대한서림 김순배 대표가 이 건물을 사들이고 나서 서점을 이곳으로 이전했기 때문이다.

인천 사람은 약속이라도 한 듯이 볼일이 있는 사람 대부분은 용동고개 마루턱에 있던 아치 아니면 대한서림을 약속 장소로 정했다. 당시는 대한서림 근처가 바로 동인천의 최대 번화가였기 때문이다. 주변에는 볼거리와 먹을거리, 그리고 영화관 등이 즐비하게 늘어서 있었고 전통시장, 옷 가게, 금융기관도 있었다. 그 중심에 있던 대한서림은 약속 장소로 안성맞춤이었다.

여름에는 더위를, 겨울에는 추위를 피해 이곳으로 몰려왔고, 또 책 읽는 즐거움에 몰입할 수 있어서 책을 좋아하는 이들의 발길 또한 끊이지 않았던 것이다. 인근에는 초등학교, 중학교, 고등학교도 밀집해 있어서 참고서나 수험서, 교재 등을 사려는 학생들로 바글거렸기 때문에 서점 안은 책을 읽는 사람들로 붐볐고, 서점 밖에서는 누군가를 기다리는 사람들로 붐볐다. 누군가가 이곳을 '약속이 있는 곳, 설레는 곳, 사람이 있는 곳'이라고 했는데, 딱 들어맞는 말이었다.

"근처에 다방도 많았고 빵집도 많았는데 왜 꼭 대한서림에서 만나자고 했을까요. 뭔지는 모르겠지만 거기서 만나면 느낌이 좀 달랐어요. 뭐랄까, 왠지 문화인이 된 것 같은, 그런 느낌이랄까요. 저는 그 느낌이 좋았어요. 당연히 기다리면서 책도 읽고 그랬지요. 그러다 시집을 한 권 사기도 하고요."

대한서림을 향한 인천 시민의 사랑은 지대하다. 책은 서울 교보

문고에서 보고 사는 건 대한서림에서 산다는 말까지 나올 정도였다. 이런 인천 시민의 사랑에 보답이라도 하듯이 김 대표 역시 뛰어난 전략으로 시대를 앞선 경영을 펼쳐 나갔다. 서점의 전문화, 대형화를 예견하고 공학도답게 동종업계 최초로 전산 시스템을 구축했으며, 인터넷 시대를 대비해 10년간 온라인 서점을 운영하기도 했다. 그래서 대한서림은 1990년대 말까지 전국에서 성장률이 가장 빠른 서점으로 알려지면서 지명도를 한껏 높였다.

그러나 세월 앞에서는 장사 없다고 승승장구하던 대한서림도 구도심 쇠락이라는 거대 장벽 앞에서는 속수무책일 수밖에 없었다. 도심 상권이 죽고 학생들도 빠져나가자 매출 감소로 인한 어려움이 찾아왔고, 설상가상으로 온라인 서점까지 우후죽순처럼 생기면서 온라인 사업에서도 큰 타격을 입었다. 그러다가 거대 자본으로 무장한 대형 온라인 서점이 등장하자 더는 버티지 못하고 그만 두 손을 들고 말았다.

'서울에 종로서적이 있으면 인천에는 대한서림이 있다.'

이런 말을 할 만큼 인천 시민의 자긍심이자 자존심이었던 대한서림은 2000년대로 접어들자 결국 빛나던 세월을 뒤로하고 그 화려한 막을 내리고 말았다. 현재는 6층 건물 가운데 1층과 2층은 빵 가게에 내주고, 3층, 4층, 5층만 서점을 운영하고 있다. 중학교 1학년 때 영한사전 사는 걸 시작으로 대학교 때까지 문턱이 닳도록 드나들었다는 한 시민은 대한서림의 이런 변화에 대해 크게 아쉬워하며 현재 심경을 토로했다.

"충격이었죠. 전쟁터에서 마지노선이 무너진 느낌이랄까요. 그런 황망함이 밀려왔어요. 인근의 작은 서점은 이미 문을 닫은 심각한 상황이잖아요. 솔직히 저부터도 예전만큼 서점에 가지 않아요. 아무래도 인터넷과 스마트폰 영향이 크다고 할 수 있겠지요. 언제부터인가 그냥 추억의 장소로만 기억하게 되었지요. 볼 때마다 안타깝고 미안하고 그래요. 우리가 대한서림을 잘 지켜주지 못해 그렇게 된 것 같아서요."

인천 시민의 무거운 마음을 누구보다도 잘 알고 있는 대한서림 역시 마음이 무겁기는 마찬가지이지만, 서점이 아직도 자리를 지키고 있는 것은 모두 인천 사람 덕분이라며 고마움을 잊지 않았다.

"그래도 우리는 행복한 편이다. 대한서림을 찾아주는 고정 고객이 있어서 그런대로 명맥을 유지하고 있다."

100년 역사의 종로서점도 사라진 지금, 2002년 8,000여 개에 달했던 동네 서점은 2014년 현재 1,000여 개밖에 남지 않았다. 그렇다면 대한서림이 3층, 4층, 5층만이라도 유지하고 있는 것을 그나마 다행이라고 생각해야 할까.

신포동

　　신포동은 개항 이후 최초로 도시화된 지역으로 개항기 역사가 태동한 곳이자 근대사 유적이 밀집한 곳으로, 역사, 교육, 문화의 중심지이며, 신포시장, 신포 문화의 거리 등 경제 활동이 활발한 상업 중심 지역이었다. 신포동의 옛 지명은 탁포, 일명 '터진개'이다. 마을이 바다 쪽으로 열려 있다는 뜻이다.

　　그렇다면 잘 나가던 시절 신포동은 정확히 어디를 가리키는 말일까. 깊이 있으면서도 맛깔스러운 글쓰기로 지역 사회에 널리 알려져 있는 김현관 씨는 그의 블로그 '형과니의삶'에 이렇게 정리해 놓았다.

　　'신포동은 금강제화를 꼭짓점으로 약 90도로 포용하고, 대각선 끝 언저리에 있는 외환은행과 사각형 변을 어우르는 일대를 얘기한다. 제일은행을 중심으로 중구청 쪽 방면까지를 흔히 신포동이라 하지만, 그곳은 엄밀히 말하면 행정구역상 중앙동이다. 여하간 경동과 중앙동 일부를 포함하고, 신포시장을 포함한 주변부 일대를 신포동이라 칭하면 무리함이 없을 것이다.'

　　중구 신포동은 근대 건축물의 산실로 관광객의 발길이 끊이지

사진. 화도진도서관

1900년 제물포 포구

않는 곳이다. 이 때문에 중구 신포동은 '개항'을 화두로 해서 문화 구역이라 불린다. 그렇다면 신포동은 개항 얘기를 빼면 할 얘기가 없다는 말인가. 그건 아니다. 신포동은 개항 말고도 할 얘기가 무지하게 많은 동네이다.

"80년대 신포동은 휘황찬란한 번화가였어요. 먹을 것, 입을 것, 놀 것 등이 지천이었어요. 지금은 닭강정과 만두 등 몇몇 맛집 이름만 거론되고 있지만, 과거에는 신포동 하면 '인천의 트렌드'라고 할 정도로 유행과 패션의 거리였지요."

신포동은 개항기부터 1990년대 중반까지 사람들로 넘쳐났다. 해

일본 제1은행

방이 되고 한국전쟁을 거치면서 이곳이 도심 지역으로 바뀌다 보니 새로이 양품점, 음식점, 유흥시설 등이 들어섰고, 그래서 인천에서 가장 유명한 번화가가 되었다. 특히 1970~1980년대부터 급속히 팽창한 인천의 산업 발전과 맞물려 인구가 급속도로 증가하는데, 그 많은 사람이 가장 즐겨 찾던 곳이 바로 신포동이었다. 서울 명동에 견주어도 손색없을 만큼 사람이 몰렸던 까닭에 소위 '인천의 명동'으로 불리기도 했다. 붙박이는 수천 명에 불과했지만 유동 인구는 수

십만 명에 이를 만큼 붐비는 곳이었다.

1990년대 중반까지만 해도 전국의 3대 상권으로 꼽히며 인산인해를 이뤘다던 신포동, 서울에 명동이 있고 부산에 남포동이 있었다면 인천에는 신포동이 있다고 할 만큼 유행과 소비의 대명사였다. 그러나 이곳 또한 1990년 말부터 시작된 신도시로의 상권 이전이라는 고개를 넘지 못하고 오히려 인천에서 가장 큰 타격을 받은 곳이 되고 말았다. 인천시청이 구월동으로 이사를 하고, 확장된 인천항에서 발생하는 소음과 먼지 등으로 말미암아 생활환경이 나빠졌고, 상권마저 빼앗겨 버리자 신포동은 자생력을 잃고 서서히 무너져 내린 것이다. 한동안 침체의 늪에 빠져 있던 신포동에 다시 변화의 바람이 불기 시작한 건 불과 몇 년 전이다.

변화의 바람은 인천 중구가 신포시장이 가진 역사적 의미와 반경 2킬로미터 이내에 있는 차이나타운과 자유공원 같은 자원을 활용해 문화관광형 시장으로 활성화할 방법을 찾으면서부터 시작되었다. 2010년에는 중소기업청으로부터 12억 원의 국비 지원을 받아 '신포국제시장 활성화 사업단'을 운영하며 다채로운 업종 유입 등 활성화 노력을 기울인 결과 차츰 활기를 띠게 되었다. 지역민과 지자체가 힘을 모은 결과이다. 새롭게 발돋움하고 있는 신포동에 대해 좀 더 알아보자.

신포동 주변에는 우리나라 최초의 서구 공원인 자유공원부터 답동성당, 홍예문, 내동교회, 일본 은행거리, 차이나타운, 근대건축박물관, 아트센터, 그리고 세계열강의 각축장이던 각국 조계지까지 한국

근현대사를 관통하는 유서 깊은 건물이 밀집해 있다. 따라서 신포동 일대는 역사 탐방 코스로도 손색이 없는데 거기에 더해 먹을거리 또한 풍부해 관광객을 즐겁게 하고 있다. 신포동에서 빼놓을 수 없는 것은 바로 길거리 음식이다. 그러므로 신포동을 둘러보는 묘미에서 먹을거리를 빼면 뭔가 허전해 발걸음이 쉬이 떨어지지 않을 것이다. 여행길에서는 눈과 귀만큼이나 중요한 것이 바로 입이 아니겠는가. 당장 신포동 명물 먹을거리의 집합소인 신포국제시장을 찾아가 보라.

신포시장은 1890년 초 정흥택 형제가 최초로 어시장을 개설하면서부터 시작되었고, 농업에 종사하던 중국인들이 이곳 채소 시장을 장악하면서부터 인천에서는 최초로 근대식 시장으로 발전했다. 인천항이 개항하자 몰려든 중국인이 산동성에서 가져온 푸성귀 씨앗을 동화동과 숭의동 일대에 심었고, 그것을 내다 팔면서부터 자연스럽게 장터가 형성되었는데, 그때 고객은 주로 일본인이었다. 일제강점기 때는 공설 제1일용품시장과 공설 제2일용품시장이 되었고, 광복 후에 지금과 같은 신포국제시장이 형성되었다. 각설하고, 이제 신포동을 대표하는 먹을거리에 대해 알아보자.

신포국제시장의 일등 공신은 뭐니 뭐니 해도 '닭강정'이다. 100여 년의 역사를 자랑하는 신포시장은 속초의 만석 닭강정과 더불어 전국 2대 닭강정 성지로도 유명하다. 허영만 작가가 연재한 만화『식객』14권에도 등장하는 바로 그 닭강정이다. 커다란 아치형 간판을 지나 시장 입구로 들어서면 이내 고소한 닭튀김 냄새가 진동한다. 시장 입구에 닭강정 점포가 몰려 있기 때문이다. 그러나 유명세치고

신포시장

는 점포가 그리 많지 않다. 너도나도 원조라고 쓰여 있는 간판이 눈에 좀 거슬린다는 것 빼고는 크게 흠잡을 것이 없다.

이곳 닭강정은 가마솥에서 튀기기 때문에 끓는 기름 온도가 일정해 바삭하고, 매콤하면서도 달콤한 땅콩 향은 기다리는 이들의 코끝을 자극한다. 길게 늘어선 이들의 얼굴에도 '과연 무슨 맛일까?' 하는 표정이 역력하다. 텔레비전 〈1박 2일〉 프로그램에 등장하고부터 주말에는 1시간 이상 줄을 서야 할 정도로 손님이 들끓는데, 포장해 가는 줄과 먹고 가는 줄이 따로 있을 정도이다. 그러니 줄을 설 때는 반드시 어느 줄인지 알아야 나중에 낭패를 당하지 않는다. 줄을 선 손님 가운데는 중국인 관광객도 꽤 많다. 신포시장의 독특한 닭강정 맛이 중국 관광객에게까지 입소문이 난 것을 보면 대형 치킨 가맹점에서는 흉내 낼 수 없는 색다른 맛이 있는 것은 분명하다. 그 맛을 잊지 못해 대를 이어 오는 단골도 있다.

"어렸을 때 엄마 손잡고 신포시장에 오면 닭강정 가게 앞에서 걸음을 멈추고는 사줄 때까지 무조건 떼를 쓰고 그랬어요. 이 거리를 지나다 보면 이 고소한 냄새의 유혹에서 도저히 벗어날 수 없었거든요. 지금도 자주 들려요. 우리 아이들이 좋아하거든요. 여기서 줄 서 있다 보면 옛날 저 어렸을 적 생각도 나고 해서 좋아요."

신포국제시장에서 닭강정만 이야기하기에는 뭔가 아쉽다. 이곳에는 닭강정만큼이나 유명한 것이 또 있으니, 바로 민어회이다. 항구도시답게 싱싱한 생선과 건어물을 파는 가게가 많은데, 시장 한쪽에 있는 등대공원 주변에 민어 횟집이 몰려 있다. 어느 블로거의 말

신포시장 닭강정

처럼 민어의 주산지인 목포의 '영란회집'과 민어전 잘하기로 소문난 서울의 '노들강'과 더불어 식도락가로부터 '전국 5대 민어집'으로 인정받은 민어 횟집이 바로 이곳에 있는데, 여기서 그 집 상호를 밝힐 수는 없다.

민어는 예로부터 '삼복더위에 민어찜은 일품, 도미찜은 이품, 개장국은 삼품'이라 했을 정도로 대우를 받던 생선이다. 그러나 요즘 사람은 민어의 존재 가치를 잘 모른다. 예전에는 이름처럼 서민의 생선이라 해도 좋을 만큼 흔했으나 지금은 민어가 귀해졌을 뿐만 아니라 값도 만만치 않기 때문에 쉽게 접할 수 없어서 그렇게 되었다.

이 밖에도 신포국제시장에는 형형색색의 오색만두, 중국전통만

두, 공갈빵 등 다양한 음식이 있어서 골라 먹는 재미가 쏠쏠하다. 공갈빵을 파는 집과 중국전통만두를 파는 집 역시 항상 줄이 길게 서 있는데, 공갈빵은 한 사람에게 두 개 이상은 팔지 않는다. 만드는 시간이 길어서 그렇게만 판다. 두 개를 사려고 30분 이상 줄을 서서 기다리는 사람도 있다.

"무슨 빵을 두 개 사는 데 30분씩이나?"

미리 장담하지 마시라, 가기 전에는 다들 이렇게 말한다. 그런데 그 거리에 들어서면 달라진다. 자신도 모르게 줄을 서서 기다리는 자신을 발견하게 될 것이다. 이 줄의 유혹을 과감하게 뿌리쳤다고 하더라도 신포우리만두 본점이 기다리고 있다. 그 유명한 신포만두는 바로 이곳이 출생지이다. 그리고 그 옆에는 신포순대가 있고, 또 그 옆에는 신포동 칼국수골목이 있다.

1980년대 동인천 학생들에게 가장 많은 사랑을 받았던 신포동 칼국수골목, 일명 칼집골목이다. 설명은 쉬우나 찾기는 쉽지 않고, 지도가 있어도 찾기 어렵고, 그래서 아는 사람만 찾아가는 골목이다. 골목 입구에는 30년 역사를 자랑하는 현수막이 걸려 있지만 안타깝게도 현재 골목 안에 남아 있는 칼국수 집은 '골목집'과 '맷돌칼국수' 단 두 집뿐이다. 한적하다 못해 을씨년스러운 골목길을 둘러보는 중년의 표정이 사뭇 비감하다.

"칼국수 위에 튀김 가루를 수북이 올리고 후추 팍팍 뿌려 먹던 그 맛을 잊을 수가 없어요. 양도 엄청나게 많았지요. 주머니 가벼운 학창 시절에 칼국수 한 그릇 시켜 놓고 미팅도 하고 친구들과 수다도 떨던 곳이죠. 학교가 파하자마자 가방 옆구리에 끼고 눈썹이 휘날리도록 뛰어들어갔죠. 그때는 줄을 서서 기다려야 할 정도였어요. 특히 우리 남학생이 이곳을 즐겨 찾았던 이유는 비디오 때문이었어요. 〈영웅본색〉, 〈첩혈쌍웅〉, 〈천장지구〉 등 홍콩 누아르 영화를 이곳에서는 자주 틀어주곤 했거든요. 화면은 구렸지만 아무튼 재미있었어요. 거기서 선배들에게 담배도 배우고 그랬어요. 한참 그러고 싶을 나이잖아요. 선생님들이 불시에 들이닥치면 주인아주머니께서 우리를 다락방에 숨겨 주고 그랬어요. 노는 애들에게는 세상에 둘도 없는 아지트였지요. 선생님들이 돌아갈 때까지 다락방에 올막졸막 숨어서 입 틀어막고 낄낄거리고 그랬어요. 철이 없었지만 낭만이 가득했던 시절이었죠."

맷돌칼국수

30년이라는 시간은 많은 걸 바꾸어 놓았다. 칼국수 집 아주머니는 할머니로 변했고, 까까머리 학생들의 웃음소리로 가득 찼던 거리에는 집 나온 고양이들의 울음소리만 가득했다. 서글프다. 골목에 남겨진, 허물어진 옛 가게 터만이 한때는 이곳이 동인천에서 제일 잘나가던 칼국수골목이었다는 사실을 알리고 있었다.

다음으로는 돈가스이다. 동인천 일대에는 아직도 70~80년대 양식으로 운영하는 경양식집이 여럿 있다. '국제경양식', '등대경양식', '잉글랜드왕돈까스', '씨싸이드'가 바로 그 주인공으로, 인천 사람들이 소울돈가스라 부르는 4대 돈가스 집이다. 4대 천왕은 들어봤어도 4대 돈가스는 처음 듣는다면, 그만큼 인천 사람들에게 사랑받고 있다는 말로 알아들으면 되겠다. 그중에서 신포동에 있는 등대경양식은 40년 전통을 자랑하는데 이 집이 내세우는 최고 메뉴는 두툼하게 튀긴 돈가스와 갓 구워 말랑말랑한 빵이다. 패밀리 레스토랑의 그만그만한 맛에 길들여진 사람이라도 이곳에 와서 수제 돈가스를 한 입 베어 무는 순간, 분명히 색다른 맛을 느낄 것이다. 등대경양식과 국제경양식 음식을 먹어 보고 두 집 음식의 맛과 가격을 조목조목 비교하고 분석해 놓은 블로거도 있으니, 참고할 일이다. 그리고 선견지명이 있었던 것인지 신포동 터줏대감이던 국제경양식은 몇 년 전 국제도시 송도로 이전해 지금은 '송도국제경양식'으로 알려져 있다. 당연히 가격은 예전 그대로가 아니다.

이제 그만인가 싶더니 섭섭하다는 듯이 바로 나타나는 먹을거리가 또 있으니, 바로 쫄면이다. 청소년과 직장 여성에게 특히 인기가 많았던 쫄면은 70년대부터 이곳에서 시작되었다. 원조의 내력은 이렇다.

1970년대 초반, 중구 경동에 '광신제면'이라는 냉면 공장이 있었다. 어느 날 그만 어떤 직원이 순간의 실수로 냉면 뽑는 기계를 잘못 작동해 굵은 면발을 뽑아내고 말았다. 냉면으로는 도저히 쓸 수 없는 굵은 면발이고, 또 그냥 버리기도 아까워 고심하던 사장은 공장 주변에 있는 분식집 '맛나당'으로 들고 가서 면이 굵어진 이유를 설명하며 건네주었다. 그 면을 받아든 분식집 주인, 고민 끝에 고추장 양념에 야채를 넣고 비비는 새로운 조리법으로 음식을 만들어 내놓았으니, 이것이 바로 세상에 없던 새로운 면, 쫄면 역사의 시작이다.

쫄깃한 면발에 매콤하고 달콤한 맛이 더해지자 간식거리라고는 짜장면과 떡볶이가 전부였던 시절에 학생들의 사랑을 받는 건 그야말로 시간문제였다. 동인천에 학교가 밀집해 있었다는 점도 쫄면의 대중화에 한몫을 차지했다. 도시락 까먹기가 무섭게 돌아서면 배고플 나이인 학생들은 학교가 파하자마자 분식집으로 처들어갔고, 중독성 있는 그 맛에 반한 여학생들의 입소문을 타고 쫄면은 단기간에 최고의 인기 메뉴로 등극하게 된다. 쫄면은 중구 인현동에 있던 분식점 '맛나당' 주방장 노승희 씨가 면이 쫄깃쫄깃하다고 해서 붙인 이름이다.

여기까지가 신포동에 관한 이야기지만 이것 말고도 자랑할 것은 엄청나게 많다. 그렇다면 이번 주에 신포동으로 떠나는 건 어떨까. 동인천에 사는 '내동일번지' 님처럼 한 주를 정리하는 시간, 동인천의 유혹이 절정에 달하는 시간, 금요일이면 더 좋겠지만 인천 사람이 아니라면 시간 내기 어려울 터이니, 주말은 어떠신가. 빋고 떠나

라. 신포동에서 맛있는 것도 먹고, 문화도 즐기고, 정도 느끼고, 이렇게 1석 3조가 가능하다. 이미 역사와 문화, 그리고 먹을거리를 찾아 이곳 신포동으로 사람이 몰리기 시작했다.

한국근대문학관

들판에 봄기운이 돌기 시작하면 사람들은 먼저 야외로 떠날 채비를 한다. 산은 산대로 들은 들대로 바다는 바다대로 저마다의 이유를 들이대며 사람들을 부르기 때문이다. 그러나 여행이 단순하게 보고, 먹고, 즐기다 돌아오는 시대는 지났다. 여행도 역시 마음을 치료하는 게 대세이다. 요즘 사람들은 세상의 어지러움과 일상의 팍팍함을 내려놓고 사람살이가 무엇인지를 생각하는 성찰의 시간이 되는 여행을 원한다. 삶을 뒤돌아보고, 또 앞으로 가야 할 길을 찾는 여행 가운데 문학 여행만 한 게 또 있으랴. 그 문학 여행 중심에는 '문학관'이 있다.

우리나라 최초의 문학관은 1991년에 건립된 '박화성문학관'이다. 1991년이라니, 믿기지 않지만 사실이다. 한국 작가들이 노벨문학상을 못 받는 까닭을 작가적 역량 탓으로만 몰아갈 수 없는 또 하나의 이유이다. 한국문학관협회가 설립된 2004년에는 전국의 문학관은 14개에 불과했다. 그러나 이후 8년 만에 숫자가 갑자기 70여 개로 늘어나게 되는데, 이것은 각 지자체가 문학관 건립에 적극적으로 참여했기 때문이다. 숫자로만 보면 그야말로 문학관 전성시대이다.

그러나 지자체가 경쟁적으로 문학관 건립 유치에 열을 올리는 것에 대해 박수 칠 일만은 아니다.

  문학관 건립 추진이 작가들의 문학적 성과와 생을 제대로 알린다는 본래의 역할에 치중한다기보다는 지자체의 경제 활성화를 목적으로 하는, 즉 영업적 이익이라는 목적이 앞서고 있기 때문이다. 이 때문에 숱한 문학관이 있음에도 불구하고 제대로 된 정보를 갖추고 있는 곳은 몇 안 된다는 지적을 받고 있다. 상황이 이렇다 보니 새로 건립되는 문학관마다 일일이 찾아가 그 문학관이 꼭 그곳에 건립되어야만 하는 절대적인 이유를 단도직입적으로 묻고 싶을 지경이다.

  그러나 이 질문에 자신 있게 답할 수 있는 문학관이 있다. 바로 인천시 중구 해안동에 자리한 '한국근대문학관'이 그곳이다. 근대 문화의 요람이라는 개항장 문화지구에 문을 연 한국근대문학관은 우

사진. 인천문화재단

사진. 인천문화재단

리 근대문학을 통시적으로 보여주는 국내 최초의 문학관으로, 인천문화재단이 인천광역시와 힘을 합해 6년이 넘는 기간 동안 준비한 끝에 2013년 9월에 개관한 곳이다. 그 이름에 걸맞게도 개항기부터 해방기까지 시, 소설, 문예지 등 우리 문학에 관한 주요 자료를 수집하고 분류해 보존하고 있는데, 2007년부터 이미 근대문학 자료를 수집하기 시작해 현재는 2만 9천 점을 모은 상태이다. 구성은 상설전시실, 기획전시실, 다목적 강의실, 수장고 등 5개 동으로 되어 있고, 상설전시실은 2층으로 이루어져 있다.

상설전시실 공간 구성을 보면 근대문학 작가와 작품을 문학사의 맥락을 따라 보여준다는 개관 취지가 분명하게 드러나 있다. 1층에는 1894년부터 1948년까지 시, 소설, 단행본 등을 시대별로 전시해 놓았고, 2층에는 인천이 낳은 소설가 작품과 인천을 배경으로 하는 근대 소설이 진열되어 있다. 인천이 서울 다음으로 근대 소설에 많이 등장하는 도시라는 점에 착안한 기획이다. 인천이 개항 후 개화 문물을 받아들이는 과정이 많은 작가의 작품에 그대로 담겨 있기 때문에 당대의 사회와 문화를 이해하는 데 또 하나의 척도가 되는 것은 분명한 사실이다. 이에 소설가 이원규 씨는 이렇게 평가했다.

"인천은 풍성한 시적 제재와 소설의 모티브를 제공하는 한국 현대문학의 주요 공간이었다."

한국근대문학관이 자긍심을 갖고 내세우는 자료는 근대문학 시기의 주요 시인, 소설가 등 문인 50여 명의 작품 130여 편을 초판본으로 소장하고 있다는 점이다. 이곳에 가면 교과서에서 활자로만 누워 있던 근대문학을 보다 가까이에서 생생하게 느낄 수 있다. 1895년 4월에 발간한, 유길준(1856~1914)이 국한문 혼용체로 쓴 한국 최초의 서양 기행문 『서유견문』 초판본, 육당 최남선(1890~1957)이 발행한 순우리말 아동 잡지 『아이들 보이』 창간호 등 희귀본을 만날 수 있으며, 최초의 신소설 이인직의 『혈의 누(1908)』, 최초의 장편소설 이광수의 『무정(1925)』,

최초의 문예 동인지 『창조(1919)』, 염상섭의 『만세전(1924)』 등 초판본을 볼 수 있다. 또 주요 작가들의 작품을 무선통신 기술을 활용해 휴대전화에 바로 담는 등 흥미로운 체험도 할 수 있다. 이현식 관장은 이곳을 이렇게 설명했다.

"다양한 체험형 전시를 통해 관람객들이 교과서로만 익힌 문학에서 탈피해 문학사의 맥락을 쉽게 이해할 수 있도록 돕고, 문학이 가지고 있는 사회적 역할을 확산시켜 시민들과 문학의 거리를 좁힐 수 있게 노력하겠다. 한국근대문학관에서는 한국 근대문학의 성장을 주제로 한 상설전과 다양한 기획 전시, 학생과 시민을 대상으로 한 문학 및 인문학 강좌 개최, 한국 근대문학 관련 자료의 수집과 보존, 아시아·아프리카·라틴아메리카(AALA) 문학포럼 개최 및 문화비평지 『플랫폼』 발간과 출판 사업 등을 하고 있다."

한국근대문학관은 기획 전시물로 일본군 위안부 관련 만화기획전과 근대문학 강좌를 연이어 마련했으며, 가정의 달인 5월에는 애니메이션 원화전 '노마야, 놀자'를 선보였다. 그리고 일본군의 위안부 만행을 증언한 한국만화기획전 '지지 않는 꽃'은 지난 1월 말 프랑스에서 열린 앙굴렘국제만화전시회에서 많은 관심을 받았고, 국내외 주요 매체를 통해서도 쟁점이 된 바 있다. 한국근대문학관 관계자는 이 기획전을 연 이유를 이렇게 설명했다.

"인천 시민에게 일본군 위안부 피해 역사를 널리 알림과 동시에 일본의 과거사 반성을 촉구하기 위해 기획됐다."

전시회를 둘러본 인천 시민은 일제강점기에 지어져 100년의 세

사진. 인천문화재단

월이 담긴 근대 건축물과 전시 내용이 잘 어우러져 전시의 감동은 배가 되었다고 평가했다.

"한국근대문학관과 이번 전시회의 주제가 잘 맞았다고 봅니다. 작품 전시회를 통해 위안부 할머니의 아픔이 더 가슴에 와 닿을 수 있었습니다. 뼈아픈 과거사를 절대로 잊어서는 안 된다고 봅니다. 이런 기획 전시가 좀 더 자주 있었으면 좋겠습니다."

붉은 벽돌로 된 외벽부터 목조로 된 내부 천장까지 근대의 분위기가 뚝뚝 묻어나는 한국근대문학관은 의미 있는 전시 내용 못지않게 건물 설계도 상징적이다. 다음은 인천에서 활동하는 건축가 황순우 씨 얘기이다.

"100여 년 전 창고 건물을 그대로 활용함으로써 '시간의 흔적을 보존한다'는 문학관의 취지에 최대한 부합하도록 설계했다."

이렇게 해서 일제강점기 때 수탈을 위해 지어졌던 창고가 오랜 시간의 침묵을 깨고 한국근대문학관으로 다시 태어난 것이다. 인천문화재단 관계자도 다음과 같이 덧붙였다.

"인천이 개항 이후 근대 문물을 받아들이며 형성된 도시인만큼 근대문학사를 다루는 게 도시의 정체성과도 맞는다고 판단했다. 건물의 의미와 문학이 잘 밀착되도록 공간을 구상했다."

따라서 개항의 도시 인천 중구에 서양 문학의 도입과 발전 과정을 총괄적으로 보여 주는 근대문학관이 건립되었다는 점은 여러모로 살펴도 그 존재 이유가 분명한 것 같다.

인천아트플랫폼

　서울에 인사동이 있다면 인천에는 개항장이 있다는 듯이 중구청 일대는 '개항장 문화지구'로 불린다. 인천항 배후에 있는 신포동, 북성동, 동인천동 등을 포함하는 53만 7천여 제곱미터 넓이로, 2010년 1월에 문화예술진흥법상 문화지구로 지정됐다. 이 문화지구에 인천아트플랫폼이 있다.

　한국근대문학관과 어깨를 나란히 하고 있는 인천아트플랫폼은 개항장 일대에 있는 100여 년 전 창고와 기업체 사옥 등 건물 13체를 개조해 2009년에 개관했고, 도시의 역사성을 최대한 살려 문화적으로 재활용하자는 시민들의 뜻과 인천시의 의지가 합쳐져 탄생한, 지역 유일의 복합문화예술창작공간이다. 시에서는 예산을 지원하고 인천문화재단이 운영을 맡고 있다.

　인천아트플랫폼 개관 작업은 1999년부터 시작되었다. 건축가 황순우 씨를 중심으로 한 지역의 예술가들이 옛 개항장에 있던 버려진 창고와 건물을 문화 공간으로 조성하기 위해 각고의 노력을 기울인 결과였다. 2000년 11월에 인천시가 해안동 일대에 밀집해 있던 근대 건물과 산업 건물을 문화 공간으로 지정하면서부터 탄력을 받았고, 2003년에 근대 건축물 복원에 착수하면서 본격적으로 작업에 돌입했다.

현재 인천아트플랫폼이 자리한 해안동 일대는 1899년에 매립된 지역으로, 한성공동창고주식회사 인천출장소(1907)와 조선미곡창고주식회사 인천지점(1930)을 거쳐 대한통운주식회사 인천지점(1962)에 이르기까지 임대 형식의 창고 건물이 즐비했던 곳이다. 다음은 인천아트플랫폼 관계자들의 설명이다.

"인천아트플랫폼은 서구열강의 문화가 유입되었던 옛 개항장 일대의 오래된 시간의 창고들을 창의적 관점으로 재해석하여 미래를 향한 예술 창작의 현장으로 재구성한 신개념 복합문화예술창작공간으로, 국내외 다양한 지역의 예술가들이 모여 다양한 장르의 소통과 결합은 물론 인천 시민의 꿈과 창의적인 상상을 현실로 구현해내는, 세계를 향한 문화 예술의 발신지로서 거듭날 것이다."

지역 활성화의 새로운 모델인 인천아트플랫폼은 전시관, 공연장, 예술교육관, 작가 숙소 등이 있는 공간으로 다양한 장르의 예술가들이 이곳에서 생활하며 창작 활동을 한다. 이곳에서 펼쳐지는 모든 활동은 거주를 기반으로 하는데, 한 해에 예술인 40~50명이 이곳에 거주하면서 작품 활동과 인천 역사를 바탕으로 한 작업을 벌이고 있다. 회화, 조각, 미디어아트, 사진, 행위예술, 국악 공연, 연극 연출, 평론, 동화 등 다양한 분야의 작가들이 짧으면 3개월, 길게는 2년 동안 머물며 세 번에 걸쳐 전시회를 연다.

사진. 인천광역시 중구청

인천아트플랫폼

　　입주와 동시에 그간에 활동한 모습을 외부에 소개하는 '프리뷰전', 기획 의도에 맞춰 참여하는 '기획전', 스튜디오에 머물며 창작한 결실을 퇴실 전에 공개하는 '결과보고전', 이렇게 세 번이다. 매년 2월과 3월은 전년도에 입주해 창작 활동을 하던 작가들이 떠나고 새로 선발된 작가들이 입주하는 시기이다. 떠나는 작가들은 1월부터 2월까지 결과보고전을 통해 한 해 동안 창작한 결과물을 공개하고, 새로 입주하는 작가들은 3월 초 프리뷰전을 통해 입주를 신고한다. 또 매년 한 차례 주최하는 '플랫폼 페스티벌 & 오픈 스튜디오'를 통해 예술인들의 활동상을 한눈에 살펴볼 수 있다.

따라서 이곳은 1년 내내 전시와 공연이 끊이지 않고, 또 볼 것 많은 독특한 예술 구역이라는 입소문이 나서 주말이면 이곳을 중심으로 중구 일대를 순회하는 여행객들로 늘 북적댄다. 특히 청도(青島), 항주(杭州), 대련(大連) 등 중국 8개 도시의 역사와 특산품 등을 알려주는 우호도시홍보관과 중국 유명 작가의 작품을 전시하는 기획전시실 등도 갖추고 있어서 중국 관광객에게는 필수 코스가 되고 있다.

"한국 여행을 왔다가 생각지도 못했던 장소에서 유명 예술가들의 작품까지 맛볼 수 있다니 기분이 좋네요. 여행 중에 예술 공간을 방문할 수 있다는 것은 행운이죠. 좋은 선물을 덤으로 받은 느낌입니다. 차이나타운과 자유공원을 연계해서 관광 벨트를 만든 것은 신선한 발상이라고 봐요."

하지만 이곳 인천아트플랫폼에 문제가 전혀

사진. 인천광역시 중구청

없는 것은 아니다. 기대가 너무 컸던 탓일까. 잠깐 들렀다가 가는 여행객의 반응과는 달리 그동안 지역 한쪽에서는 꾸준히 '정체성'에 대한 문제를 제기하고 있었다. 수백억이나 들여서 옛 창고를 복원해 놓았지만 제대로 활용하지 못했다는 의견도 있었고, 들인 공에 비해 존재감이 너무 미약하다는 지적도 있었고, 또 이곳에서 하는 전시가 너무 성의 없다는 시민들의 따끔한 충고도 있었다. 독창성을 지나치게 강조하다 보니 작품을 이해할 수 없는 경우가 허다하다는 하소연이다. 그러다 보니 인천 시민의 발길은 점점 뜸해지고 인천아트플랫폼 전체가 점점 을씨년스러운 공간으로 변해 갔던 것이다.

지금이라도 늦지 않았다. 인천아트플랫폼 관장 하나를 경질한다고 해서 모든 문제가 일시에 해결되는 건 아니다. 이곳이 인천의 정체성을 대표하고, 또 인천 시민이 즐겨 찾는 공간으로 거듭나려면 처음 시작할 때로 돌아가야 한다. 관계자들의 다음 말처럼 다시 초심으로 돌아가 인천 시민과 지역 예술인이 다 같이 머리를 맞대고 문제의 본질을 해결하려고 노력해야 한다.

"문화예술교육을 매개로 한 인천아트플랫폼이 작가들에게는 창작 공간을 제공해 왕성한 활동을 돕고, 시민들에게는 이곳에서 펼쳐지는 전시, 공연 등 각종 행사를 통해 문화적 소외감에서 벗어날 수 있게 하여 인천의 구도심에 활력을 불어넣으려 한다."

'왜 세웠는지, 누구를 위해 세웠는지, 무엇을 말하고자 하는지'를 지금 이 시점에서 정확하게 정립하지 못한다면 최근 짝퉁 논란에 휘말리고 있는 '개항 각국 거리 조성사업'이나 '러시아 특화 거리 조

성사업'과 같이 단지 관광 코스 하나 더 늘리기 위한 졸속 사업이라는 오명으로부터 결코 자유롭지 못할 것이다.

 한 사회나 조직이 변화하거나 발전하면서 겪는 성장통이 꼭 나쁜 것만은 아니다. 아이나 조직이나 아픈 만큼 성장하기 때문이다. 우리 다 같이 애정을 담뿍 담아 기다리며 기대해 보자. 성장통을 잘 이겨낸 인천아트플랫폼이 진정한 예술 특구로 자리매김하여 당대 예술, 건축, 문화가 역사적인 전통과 유기적으로 결합되기를 바라며, 또 세계적인 문화 예술 명소로 이름을 떨치고 있는 중국 북경의 대산자(大山子) 798 예술구, 뉴욕의 브루클린 윌리엄스버그(Brooklyn Williamsburg) 등과 비견될 날을 기대해 보자.

차이나타운

차이나타운 혹은 청관거리라 불리는 중구 선린동과 북성동 일대는 개항 후 130년이라는 세월이 흘렀어도 여전히 화교 고유의 문화와 풍습을 잘 간직하고 있는 곳이다. 선린동이라는 이름은 광복 직후인 1946년에 붙인 것으로, 이름 그대로 '옛날처럼 중국인과 친선 관계를 유지하자는' 뜻이고, 청관이란 공식 지명이 아니라 청나라의 관청이라는 말로 구한말 우리나라 사람이 청국 조계 지역을 통칭하던 말이었다. 조계지란 개항장에서 외국인이 자유로이 통상·거주하며 치외법권을 누릴 수 있도록 설정한 지역으로, 개항 이후 제물포가 청나라의 치외법권 지역으로 설정되면서 형성되었다. 인천에는 일본 조계가 최초로 설정되었고, 이후 청국 조계와 각국 조계가 형성되었다. 일본 조계는 현재 자유공원 남쪽에 있는 관동, 중앙동 지역이고, 청국 조계는 선린동 지역이다. 조계는 오래전에 폐지되었지만 이 명칭은 여전히 사용되고 있는 셈이다.

차이나타운의 대표적인 상징물은 패루이다. 인천역 앞에는, 차이나타운으로 들어가는 입구에는 패루가 웅장하게 세워져 그 위용을 자랑하고 있다. 패루는 탑 모양의 중국식 전통 대문으로 세계 어느 나라를 가더라도 중국인이 모여 사는 곳에는 꼭 세워져 있다. 이곳 차이나타운에는 '중화가', '인화문', '선린문', 이렇게 총 3개가 있다. 그리고 이 패루 세 개는 인천의 자매도시 중국 산동성 위해(威海)시가 기증한 것으로 규모를 보면 부상하는 중국의 위상을 보여주는 듯하다.

　패루 안으로 들어가면 중국풍 볼거리는 다양하다. 수십 개나 되는 중국 음식점과 기념품점 등이 큰길을 사이에 두고 양쪽으로 길게 자리 잡고 있다. 중국 음식점이 늘어선 거리는 온통 붉은색이다. 붉은색 간판과 홍등이 걸려 있고, 중국 전통의상을 입은 상인은 손님을 불러 모으기에 정신이 없다. 공갈빵, 화덕만두, 월병같이 이름난 음식점 앞에는 사람들이 길게 줄을 서서 기다리는데, 특히 주말이나 공휴일에는 에버랜드 들어가기만큼이나 무한한 인내심을 요구한다.

차이나타운

사진. 인천광역시 중구청

차이나타운을 대표하는 음식은 뭐니 뭐니 해도 짜장면이다. 이곳에서 우리나라 짜장면이 최초로 탄생했기 때문이다. 지금처럼 먹을거리가 흔하지 않던 시절에는 짜장면이 최고의 외식이었다. 생일이나 졸업식에 얻어먹을 수 있었던 유일한 음식이었기 때문이다. 그러나 이 짜장면을 누가 처음 만들었는지에 대해서는 아직도 의견이 분분하다. 개항기 인천항에 있던 화교, 즉 산동 출신 중국인이 부두 노동자를 상대로 팔기 시작한 중국식 짜장면이 대한민국 짜장면의 원조라는 의견이 지배적이다.

인천 사람은 짜장면에 대한 자긍심이 대단하다. 짜장면이 탄생했다는 '공화춘' 건물을 개조하여 짜장면박물관을 만들었을 정도이다. 인천광역시 중구에서 낡은 공화춘 건물을 매입한 후 건물을 보수하고, 내부에 전시 공간을 마련해 2012년부터 짜장면박물관으로 활용하고 있다. 짜장면박물관에 가면 짜장면이 탄생한 역사적 배경을 비롯해 짜장면과 관련된 여러 흥미로운 이야기를 들을 수 있으며, 삼선짜장, 북경짜장, 짜파게티 등 1970년대부터 현재까지 시대별로 선보였던 인스턴트 짜장면도 한자리에서 만나볼 수 있다.

공화춘은 인천광역시 중구 선린동에 위치하고 있는 옛 중화요리 식당 건물로 대한민국 등록문화재 제246호이다. 1908년 무렵 청나라 조계지에 중국 산동 지방 상인이 건축한 지상 2층짜리 건물로, 준공 당시에는 무역상들에게 숙식을 제공하는 객잔으로 사용되다가 1912년에 중화요리 집으로 개업했다. 그래서 공화춘은 대한민국에서 짜장면을 최초로 개발해 판매한 곳으로 알려져 있으며, 1970년대까지는 경인 지역 5대 중화요리점의 하나로 명성을 떨쳤다. 그러다가 식당은 1983년에 폐업하였고, 2012년 4월에 짜장면박물관으로 개관하여 운영되고 있다.

그렇다면 볼거리는 또 어떠한가. 먹을거리 못지않게 볼거리 또한 많은 곳이 바로 이곳 차이나타운이다. 중국식 전통 대문으로 차이나타운의 상징이 된 패루, 삼국지의 77장면을 담은 삼국지벽화거리, 개항 당시 중국인과 일본인들의 경계를 지은 청·일조계지경계계단, 공연과 전시회 및 중국 문화를 체험할 수 있는 한중문화관, 중국식 사찰 의선당, 화교 2세의 교육을 담당하는 화교중산학교 등 길목마다 지나는 이의 눈을 풍성하게 해준다.

짜장면박물관을 나와 중국식으로 건축된 점포를 따라가다 보면 '청·일조계지경계계단'이 나타난다. 청·일조계지경계계단은 1883년에 설정된 일본 조계와 1884년에 마련된 청국 조계와의 경계 계

한중문화관

단으로 자유공원으로 연결되어 있다. 자유공원 서남쪽 가파른 언덕에 자리 잡고 있는 이 계단을 중심으로 확연하게 다른 청국 건물과 일본 건물이 배치되어 있다. 130년의 역사를 간직한 이 계단은 중국과 국교가 수립되고 나서 청국 조계지 일대가 관광특구로 지정되면서 새롭게 정비되었다.

계단 위쪽에는 중국 청도에서 기증한 공자상이 세워져 있고, 공자상이 있는 곳에서 왼쪽 골목으로 가면 소설 『삼국지』에 등장하는 인물과 상황이 담겨 있는 '삼국지벽화거리'가 나타나고, 계속 직진하면 자유공원이다. 삼국지벽화거리는 소설 삼국지에 등장하는 유비, 관우, 장비, 제갈공명 등의 무용과 지모를 고사성어와 그림으로 풀어 놓았는데, 그 길이는 150미터를 자랑한다.

그렇다면 '한국 속의 작은 중국'이라 불리는 이곳 차이나타운의 역사는 언제부터 시작된 것일까. 그 시작은 130여 년 전으로 거슬러 올라가야 한다. 개항과 임오군란으로 말미암아 중국인들이 인천에 들어와 살게 되면서부터이다. 처음에는 인천항을 출입하는 선박의 급수와 잡화 판매를 위해 화교 사회가 형성되었고, 점차 상점, 중화요리점 등으로 확대되었다. 개항 당시에는 인천 화교가 소수에 불과했으나 이후 급증했는데, 1883년에 48명이던 화교가 1년 후에는 5배에 가까운 235명으로 늘어났고, 1890년에는 1천여 명에 달했다.

인천이 정치적·경제적으로 중요한 도시로 급부상하자 점차 늘어난 것이고, 그래서 청국은 이곳에 영사관을 설치했다. 화교들은 영사관 인근에 잡화를 소매하는 점포와 주택을 지어 상업 활동의 근거

공화춘

지로 삼았기 때문에 한동안 전성기를 누렸다.

그러나 1937년에 중일전쟁이 일어나면서부터 청관의 상권은 서서히 기울었고, 중일전쟁 패배 후에는 급속히 쇠락하였다. 일부 요릿집과 잡화상만 남아 간신히 그 명맥을 유지해 나갔으나 엎친 데 덮친 격으로 그나마 남아 있던 상권마저도 한국전쟁 때 인천상륙작전으로 말미암아 거의 파괴되고 말았다. 당시 이 거리를 생생하게 그려낸 소설이 있다. 바로 오정희가 쓴 성장소설 『중국인 거리』이다. 한국전쟁 당시 피란하던 열두 살 소녀가 이곳 북성동 중국인 거리에 들어와 살면서 보고 겪고 느낀 일들을 상세하게 그려놓은 소설이다.

'시를 남북으로 나누며 달리는 철길은 항만의 끝에 이르러서야

사진: 인천광역시 중구청

잘려졌다. 석탄을 싣고 온 화차는 자칫 바다에 빠뜨릴 듯한 머리를 위태롭게 사리며 깜짝 놀라 멎고 그 서슬에 밑구멍으로 주르르 석탄가루를 흘려보냈다. …… 해안촌(海岸村) 혹은 중국인 거리라고도 불려지는 우리 동네는 겨우내 북풍이 실어 나르는 탄가루로 그늘지고, 거무죽죽한 공기 속에 해는 낮달처럼 희미하게 걸려 있었다. 아직 겨울이고 깊은 밤이어서 나는 굳이 사람들의 눈을 피하지 않고도 쉽게 장군의 동상에 올라갈 수 있었다. 키를 넘는, 위가 잘려진 정사면체의 받침돌에 손톱을 박고 기어올라 장군의 배 위에 모아 쥔 망원경 부분에 발을 딛고 불빛이 듬성듬성 박힌 시가지를 내려다보았다. …… 나는 깜깜하게 엎드린 바다를 보았다.'

짜장면값 강제 동결이 시행되고 나서 거의 아사 직전까지 내몰렸던 인천 차이나타운이 오랜 침체기를 벗고 과거의 화려했던 영광을 되찾기 시작한 것은 인천시가 2000년에 중구를 관광특구로 지정하면서부터이다. 인천이 중국 교류의 중심 도시가 되면서 이 지역의 역사성과 문화성이 재조명되었고, 그래서 새로운 관광 명소로 부상했기 때문이다. 인천 중구의 전폭적인 지원과 지속적인 홍보에 힘입어 지금은 내국인은 물론이고 중국 관광객에게도 인기 있는 관광 코스가 되었다. 지난 2002년에 35만 명이던 관광객이 2006년에는 67만 5천 명으로 급증했으며, 최근에는 주말이면 발 디딜 틈조차 없을 정도로 관광객들로 북적여 제2의 부흥기를 맞고 있다. 현재 차이나타운은 문화체육관광부와 한국관광공사가 선정한 '한국인이 꼭 가봐야 할 국내 관광지 99'에 포함되면서 명실공히 국내 최고의 관광지로 자리매김하고 있다.

동화마을

차이나타운에서 눈과 배를 든든하게 한 다음 만석동으로 빠져나가다 보면 알록달록한 그림이 아기자기하게 동네 전체를 수놓고 있는 곳이 갑자기 눈앞에 나타난다. 인천 중구청이 낙후된 구도심에 새로운 활기를 불어넣기 위해 중점적으로 사업을 벌인 곳으로, 송월동 동화마을이 바로 그곳이다. 송월동은 소나무 숲 사이로 보이는 달이 운치가 있다 하여 붙여진 이름으로, 1883년에 개항 후 독일인을 비롯해 주로 외국인이 거주했기 때문에 부촌을 형성했던 지역이다. 그러나 오랜 세월 동안 방치되어 있다시피 해서 건물은 낡고 벽은 허름해져 볼품없는 곳으로 전락하고 말았다.

중구청은 이곳의 열악해진 주거 환경을 개선하기 위해 건물이나 담장에 세계 명작 동화를 주제로 그림을 그리고, 조형물을 설치하는 등 각고의 노력을 기울였고, 그 결과 어린이는 말할 것도 없고 어른들도 이 거리에 들어서면 아득한 옛날로 돌아가 동화 속 주인공과 이야기를 나누는 명소로 탄생하게 되었다. 그래서 그런지 이곳 동화마을로 들어서는 어른들 표정은 어린이보다 한층 밝아 보이고, 발걸

사진. 인천광역시 중구청

음도 훨씬 빨라 보인다. 무지개가 반원을 그리고 서 있는 입구 조형물을 지나 형형색색의 건물이 펼쳐져 있는 동화마을로 총총걸음을 치고 있는 관광객의 모습을 보고 있노라면, 상상의 세계란 본디 이런 곳이 아닌가 하는 생각이 든다.

'백설공주와 신데렐라와 숲속의 잠자는 공주가 성의 나라에서 만났다. …… 피터팬의 친구 팅커벨이 악어를 불러 후크 선장을 혼내주고 있다. …… 엘리스는 회중시계를 꺼내 보는 토끼를 따라 이상한 나라로 들어가게 되었다. …… 헨젤과 그레텔 남매는 계모의 계략에 의해 숲속에 버려져 길을 잃고 말았다.'

사진. 인천광역시 중구청

　위와 같은 내용으로 꾸며진 이야기 11편이 골목골목에 숨어 있고, 도로시길, 빨간모자길, 북극나라길, 성의나라길, 바다나라길, 엄지공주길, 요정나라길, 동물나라길, 신비의길, 앨리스길, 과자나라길 등도 사방으로 펼쳐져 있어 꿈과 동심의 세계로 이끈다.
　이렇게 꿈길 걷듯이 걸을 수 있는 동화마을이지만 아쉬움이 없는 것은 아니다. 벽화 거리가 너무 짧고 그림 내용도 단순해서 누가 보아도 서둘러 만든 곳이라는 생각이 들게 한다. 그러나 예산도 많지 않았을 것이고, 저작권도 문제가 되었을 것이고, 이곳에 있던 문화재도 문제가 되었을 것이다.
　이렇게 아쉬운 점이 있지만, 이미 동화마을은 관광 코스 가운데 하나로 자리를 잡았고, 특히 어린이를 동반한 가족 여행 코스로는 빼놓을 수 없는 곳이 되어 버렸다. 어른에게는 동심을, 연인에게는 사랑을, 어린이들에게는 꿈을 선물하고 있는 동화마을, 차이나타운까지 왔다면 이곳을 건너뛸 수 없지 않겠는가.

　동화마을은 인천역에서 걸으면 10분, 차이나타운에서 걸으면 5분이면 닿는다. 요즘은 차이나타운, 자유공원, 신포국제시장, 월미도를 묶어 당일치기 여행으로도 주목받고 있다. 한때 '인천은 몰라도 월미도는 안다'는 말이 있었을 정도로 세상에 널리 알려져 있는 월미도도 이곳에서 지근거리에 있다.

자유공원

우주 소년 짱가는 지구에 어려운 일이 닥칠 때마다 나타나 씩씩하게 지구를 지켰다. 그런데 짱가처럼 지구까지는 아니어도 동인천을 확실하게 지키는 사람들이 있다. 바로 인천 중구의 문화 전도사, 문화 지킴이 첨병으로 확실하게 인정받고 있는 '인천 중구를 사랑하는 사람들(약칭 중사모)' 회원이다. 이들은 동구와 중구를 불문하고 동인천 곳곳을 누비고 다니는데, 시장 골목은 물론이고 각종 전시회

자유공원

사진 인천광역시 중구청

와 문화 행사 등을 가리지 않고 무른 매주 밟듯이 두루 찾아다닌다.

그런데 이들이 다른 어느 곳보다 더 자주 찾아가는 곳이 있으니, 바로 자유공원이다. 중사모 회원을 만나려면 자유공원으로 가면 된다는 말이 있을 정도이고, 거의 매일 출석해 도장을 찍는 회원도 있다. 중사모에서 '고향사람'으로 활동하고 있는 사진작가 박영주 선생을 자유공원에서 만나 특별히 이곳을 자주 찾는 이유를 물었더니 그는 카메라 렌즈에 시선을 고정한 채 조용히 말했다.

"자유공원은 인천대공원에 비하면 규모가 훨씬 작지만, 역사적 의미에서는 그 어느 공원과도 비교할 수 없을 만큼 비중이 크다. 또 사진에 담을 내용도 많지만, 무엇보다도 내 나이에 맞게 추억할 거리가 많기 때문에 이곳을 자주 찾는다. 이곳에 오면 내 집 안방처럼 편안함을 느낀다."

인천 토박이들은 동인천을 찾는 외지인에게 꼭 빼놓지 말고 들러야 할 곳으로 자유공원을 추천한다. 왜일까? '죽기 전에 꼭 가봐야 할 여행지'로 선정될 만큼 빼어난 풍광을 자랑하는 곳은 아닌데 말이다. 궁금하다면 인천문화재단 대표이사 김윤식 시인의 '짧은 인천 산책'에 실린 글을 보자. 읽다 보면 자유공원이 인천 사람에게 어느 정도의 존재감을 갖고 있는지를 미루어 짐작할 수 있기 때문이다.

'인천에서 나고 자란 사람치고 만국공원, 곧 자유공원에 대해 일말의 감회라도 가지지 않은 사람은 아마 없을 것이다. 특히 50~60년대 이 공원에 대한 추억은 인천 사람 대부분이 비슷하지 않을까 싶다. 축항과 월미도를 조망할 수 있는 언덕, 우거진 숲, 맥아더 장군 동상, 길가에 앉아 사주팔자를 점치던 판수와 점쟁이들, 완장을 두른 유료 사진사들, 찐빵 행상들, 냉차 장수들, 그리고 박보 장기, 주사위 놀이 따위로 산보객을 유인하던 야바위꾼들에 대한 기억. 전쟁 후 어려웠던 시절, 자유공원은 그나마 이렇게 인천의 만상이 자유롭게 집합하던 곳이었다. 그뿐인가. 그 시절 자유공원은 딱히 갈 곳도, 갈 여유도 없는 인천 신혼부부들의 기념사진 촬영 코스이기도 했다. 식이 끝난 신혼부부들은 곧바로 이리로 올라와 월미도를 배경으로, 또는 맥 장군 동상 아래서 사진을 찍었다.'

인천의 근대사와 인천 토박이들의 추억이 고스란히 녹아 있는 자유공원은 응봉산 중심부에 자리하고 있는 우리나라 최초의 서구식 근대공원으로 서울의 파고다공원(현재 탑골공원, 1897년)보다 9년이나 앞선 1888년에 만들어졌다. 해발 69미터로 야트막한 야산에 불과했던 응봉산이 공원으로 유명해진 것은 개항 이후 이 일대에 외국인들이 조계를 설정하면서부터이다. 응봉산은 원래 매의 부리를 닮았다고 해서 매부리산으로 불리던 것이 한자로 변해 지금의 이름을 갖게 되었다. 그리고 일본 제1은행, 일본 18은행, 일본 58은행, 제물포구락부, 답동성당, 조계지, 일본우선주식회사, 공화춘 등 우리나라 근대문화유산도 이곳 자유공원 주변에 잔뜩 포진해 있다.

이처럼 구한말 개항기부터 해방 직후까지 인천 중구는 서울 못지않게 정치, 외교, 경제의 중심지였다. 특히 거의 모든 대사관은 자유공원이 있는 응봉산 아래 볕 좋은 터에서 외교가를 이루고 있었기 때문에 인천 유지들과 고위층들도 집단으로 거주하기 시작해 고급

사진. 인천광역시 중구청

제물포구락부

주택단지를 형성하게 되었다. 그 고급 주택들은 오늘날 세월의 더께가 앉아 '고풍스럽다'는 모습으로 관광객들의 시선을 잡아끌고 있다.

하지만 자유공원은 우리 눈에 보이는 모습과는 달리 아픈 기억이 많은 곳이다. 그 이름의 변천 과정만 봐도 우리 근현대사의 애환을 고스란히 담고 있다는 것을 짐작할 수 있다. 이름의 변천 과정을 간략하게 살펴보자. 1888년 11월 9일에 공원이 만들어졌고, 1914년에 각국 거류지 철폐와 함께 일본인들이 현재 인천여상 자리에 신사를 세우고는 동공원이란 이름을 붙였고, 자유공원은 서공원이란 이름으로 불렸다. 해방 후 1945년에 처음으로 각국공원(各國公園)으로 불리었으나 외국인 거류민단에서 관리하고 운영하면서 만국공원(萬國

公園)으로 그 이름이 바뀐다. 그러다가 1957년에 맥아더 장군 동상이 들어서면서 다시 자유공원이란 이름으로 바뀐다.

이 때문에 인천학 전문 연구가 김창수 박사 등 인천 지역 진보 문인은 자유공원을 만국공원으로 복원할 것을 주장하며 맥아더 동상도 이전해야 한다며 문제를 제기하고 나섰다. 김창수 박사는 주장한다.

"한국에서 역사적 의미와 문화사적 의미를 모두 지닌 공원은 만국공원이 유일하다. 만국공원 복원은 인천의 근현대사라는 시간을 공간으로 압축·재현하는 일이라는 점에서 정체성을 회복하는 작업이다."

그렇다고 자유공원이 이렇게 민족사적 애환만 있는 것은 아니다. 1919년 4월 2일, 이곳 만국공원에서 '13도 대표자 회의'를 개최해 임

청·일조계지경계계단, 이곳을 오르면 자유공원과 만난다.

사진, 인천광역시 중구청

시정부를 수립·선포할 것을 결정하기도 했다. 이 회의는 한성임시정부 수립과 관련해 일종의 의회 역할을 해서 대단히 중요한 회의로 평가되고 있다. 이처럼 자유공원은 민족사적 애환과 민족사적 정기를 두루 품고 있기에 오늘도 인천 시민에게 절대적 존재로 군림하고 있다.

오늘도 자유공원의 상징인 맥아더 장군 동상을 사이에 두고 진보와 보수가 의견을 첨예하게 대립하고 있지만, 해마다 벚꽃은 흐드러지게 피고 있다. 산책로에 줄지어 선 아름드리 벚나무는 유명한데, 한창 만개했을 때는 여의도 벚꽃축제가 부럽지 않을 정도이다. 그리고 인천상륙작전을 기념하기 위해 만든 맥아더 장군 동상과 팔각정, 한미수교기념탑 등도 있으며 주위에는 숲과 화단, 산책길 등이 잘

아래에서 본 자유공원 전망대

가꾸어져 있어 시민 쉼터로도 사랑받고 있다. 지역 주민들에겐 산책로로, 연인들에겐 데이트 코스로, 소일거리 없는 노인들에겐 야외 노인정으로 활용되고 있는 셈이다. 공원 광장에는 본래 비둘기 190쌍이 서식할 수 있도록 나무로 만든 비둘기 집이 있었는데, 1970년대에 이르러 비둘기가 1,000쌍으로 늘어나자 주변 환경을 고려해 비둘기 집은 철거했고, 그 자리에는 배 모양의 전망대가 설치되어 있다.

동인천 토박이라면 꼭 이 전망대에 서 보기를 권한다. 그 자리에 서서 눈으로는 인천항과 서해 바다를 내려다보고 입으로는 나직이 시 한 편을 낭송해 보면 어떨까. 추천하고 싶은 시는 『새얼문학』 14집에 실린 이순향 시인의 〈개항장은 살아 있다〉이다.

항구가 열리고
조용하던 제물포 포구에 개화의 물결이 출렁인다.
나의 살던 고향 집 내어주고
뒷동산으로 밀려나 100여 년!
수도국산 달동네 박물관에 사진 한 장 걸렸다.

인천역 건너 패루를 지나 언덕을 오르면
차이나타운 거리엔 갓 볶은 짜장 냄새가 진동하고
짜장면박물관 '共和春'은 위풍당당 간판을 걸고 있다.
화교중산학교 운동장에 펄럭이는 대만 국기는
청국영사관 시절을 기억하고 있을까?

청·일 조계지 경계 계단을 오르며

낯선 공자상과 눈을 맞추고

삼국지 벽화 길로 접어들면 관우와 유비가 기다리고 있다.

영웅담을 들으며 시간여행을 떠나보시라!

한양 가려 하룻밤 묵어가던 대불호텔 자리엔

화려했던 날의 진한 양탕국 향기 코를 자극하는데

영어로 화답하던 그 소녀는 어디 가고

지하로 내려가는 벽돌 계단만 보인다.

서구식 최초의 공원 자유공원에 올라 보았는가?

오포 기상대를 아시는가?

인천 내항이 한눈에 들어오고

월미산 정상이 보이고

맥아더가 서 있는 그곳

언덕을 내려오며 돌아보니

빨간 지붕 존스톤별장이 보이고

삼삼오오 어르신들 이야기 소리 도란도란 들린다.

과거와 현재와 미래가 공존하는 곳

개항장은 살아 있다.

홍예문

인천시 유형문화재 제49호 홍예문은 자유공원이 있는 중구 송학동 응봉산 중턱에 있다. 홍예문(虹預門)이란 '문의 위쪽을 무지개같이 반원형이 되게 만든 문'이라는 뜻으로 보통명사이다. 이곳 홍예문은 산마루턱 9미터가량을 깎은 뒤에 양쪽 편에 석축을 쌓고, 마루턱 정점까지 돌을 채운 아치형 돌문으로 중구 홍예문 1길과 2길이 만나는 고개 정상부에 서 있다. 이 돌문 위로도 응봉산 자유공원과 내동을 연결하는 길이 있다. 겉으로 보기에는 무지개 모양이 독특하고 아담해 운치 있는 돌문으로 보이지만, 이 문은 일제강점기 때 일본인이 거주 영역을 넓히기 위해 세운 것으로 당시 인천 노동자의 한과 땀이 서려 있는 곳이다. 다음은 홍예문 기념비에 쓰여 있는 짧은 글이다.

'이 문은 인천을 상징할 만한 대표적인 건축물의 하나로, 인천 항구와 한국인 촌의 경계 지역이며, 일본인들의 지계를 확장하기 위하여, 1905년에 착공하여 1908년에 준공한 인천 유일의 동혈승지로서, 남북을 전망하고, 여름철에는 시원한 휴식처로서 많이 이용되었던 곳이다. 명칭도 홍여문, 홍예문, 무지개문 등 다양하게 불리워지

사진, 인천광역시 중구청

홍예문

고 있는 곳이다.'

 인천항과 전동을 최단 거리로 연결하는 홍예문 고갯길은 인천항 및 이 일대 조계지에 거주하던 일본인들이 경인선 축현역(현재 동인천역) 방향으로 신속하게 이동하기 위해 축조한 것이다. 홍예문이 개통되기 전에는 현재의 송월동 방면으로 경유하는 먼 길을 이용할 수밖에 없었다.『인천의 근대건축 자료집』을 보면 그때 정황이 자세하게 실리어 있다.

 '각국 지계 형성 당시 조선 정부의 배려에 반대한 일본인들은 현 중앙동 일부와 관동 일부의 약 7천여 평으로 만족을 표명하였는데, 조선과 만주 침략을 계획하고 있던 일본의 야심과 인천으로 몰려든 일본인들로 인하여 거주 공간의 확장이 불가피해졌고 이에 따라 지계의 확장을 꾀하게 되었다. 당시의 교통 사정이 매우 열악했으므로 일본 지계나 항구에서 만석동으로 가려면 서북 해안선을 따라가야 했으므로 일본인은 비교적 단 구간인 현 송학동 마루턱을 깎아 만석동으로 통하는 길을 만듦과 동시에 화강석 홍예문을 쌓아 올려 각국 지계와 측후소 쪽으로 진출을 꾀하였다. 따라서 홍예문을 통해서 한국인 거주지였던 북쪽의 전동, 인현동 일대가 일본인 거주지로 잠식되었다.'

    1905년에 착공하여 1908년에 준공한 홍예문 공사는 경부선과 경의선 부설 공사 때문에 한국에 주둔하고 있던 일본 공병대가 담당할 만큼 일본인들에게는 중요한 일이었다. 그 공사에는 우리나라와

성공회 내동교회

사진. 인천광역시 중구청

중국의 노동자가 투입되었는데, 설계와 감독은 일본인이, 돌 깨는 일은 산동반도에서 돈을 벌기 위해 건너온 중국의 석수장이들이, 그리고 흙일과 잡일은 우리나라 노동자들이 맡아서 했다. 그런데 흙을 파내자 땅속에서 암반이 계속 나왔기 때문에 주위는 낭떠러지로 변하고 말았다. 급기야 파낸 흙을 실어 나르던 인부 50여 명이 흙더미와 함께 낭떠러지로 떨어져 목숨을 잃는 대형사고가 일어나기도 했다.

이렇게 산에 구멍을 냈다고 해서 혈문(穴門)이라고도 부르는 홍예문에는 얽힌 사연도 많다. 『인천 석금』에 따르면 해방 후 송건영이라는 청년이 영화에서 본 것을 흉내 내느라 우산을 쓴 채 이곳에서 뛰어내린 일도 있고, 1960년대 기계체조 선수였던 유병덕 씨가 홍예문 위 난간을 잡고 물구나무서기를 자주 해 지나가는 사람들을 놀라게 한 일 등 웃지 못할 얘기도 있고, 다리 위에서 뛰어내려 자살하려는 사람이 많아 한동안 이곳은 자설 터가 되었다는 슬픈 얘기도 있다.

홍예문은 문학 작품에도 등장한다. 인천 강화에서 태어나 어린 시절을 수도국산 달동네에서 보낸 인천의 작가 한남규의 소설집 『바닷가 소년』에 보면 홍예문에 대해 자세히 묘사되어 있다. 다음은 그의 단편 〈강 건너 저쪽에서〉의 한 구절이다.

'이따금씩 할머니는 나를 데리고 만국공원으로 놀러 가기도 하였다. 배다리를 지나 싸리재 마루턱을 넘어 한참을 걷다 보면 홍여문이 나타났는데 그 안에서 소리치면 목소리가 되울려 퍼져 의미 없이 목청을 높이는 것이 아이들에게는 한 재미였다. 아치형 벽은 물먹은 고목처럼 늘 거무튀튀하였고 고개 너머 부두에서 불어닥치는 바람이 풍성하게 쏟아져 들어 그 안은 항상 서늘했다. 신포동과 송림동 쪽을 넘나들던 사람들은 그 안에 들어서면 으레 땀을 들이다 떠나는 것이 상례였다. 그래서 홍여문 주변에는 참외, 자두, 수박 같은 여름 과일과 아이스케이크, 빙수, 냉차 등속을 파는 장사꾼들이 진을 치고 있었다.'

홍예문길 주변에는 아직도 한때의 영화를 간직했던 흔적이 많이 남아 있다. 청국영사관 회의청, 제1은행 같은 일본 은행 건물 등이 그것이다. 그것만 보더라도 그때 이 길목이 얼마나 큰 번성을 누렸는지 짐작할 수 있다.

"당시 홍예문을 만든 목적은 일본인들이 우리나라를 수탈하기 위해 만든 것이지만, 어쨌든 해방 후에는 여러 가지 덕도 많이 보았지요. 교통도 편해졌고 자유공원과 연계한 산책로로는 그만이었죠. 지금은 없어졌지만 예전에는 홍예문과 주변 돌담길을 담쟁이덩굴이 뒤덮고 있어서 계절마다 분위기가 달랐어요. 정말 운치 있었죠. 이 길로 매일 아침마다 학생들이 새까맣게 몰려 올라갔어요. 저 문 너머에 학교가 여럿 있었거든요. 저도 매일 아침저녁으로 이 문을 통과했지요. 스무 살 시절에는 이 길이 데이트 코스였고요. 홍예문 위 난간에 서면 인천항이 한눈에 내려다보였지요. 야간에는 항구에서 새어나오는 불빛이 죽여줬죠. 어렸을 때는 홍예문이 웅장하다고 생각했는데 지금 보니 참으로 아담하게 느껴지네요."

내리교회 쪽에서 성공회 내동교회 고개를 넘어 자유공원 어귀까지 높은 길을 이어주는 홍예문 주변에는 아늑하고 분위기 좋은 카페도 많다. 주변 경관과 잘 어우러지는 데다가 커피 맛도 좋다 하여 먼 데서 발품 팔아 일부러 오는 이들도 많다. 100년이 넘는 세월 동안 싫다 좋다 말 한마디 없이 그 자리에 묵묵히 서 있는 홍예문을 뒤로 하고, 봄날 홍예문 벚꽃 향기에 취해 동인천역 쪽으로 내려오다 보면 느닷없이 철학관 골목이 나오고, 그 골목을 따라 조금만 더 내려오면 삼치거리와 맞닿는다.

이곳을 지나면 삼치거리이다.